◇ 国家社科基金重大项目成果"构建和谐劳动关系研究"（项目号12&ZD094）
◇ 北京市教育委员会科技发展计划面上项目成果"战略人力资源管理中的人力资本理论应用研究"（项目号Z13028）
◇ 住建部项目成果"人力资本理论于建筑、房地产业中的应用价值研究"（项目号Z10079）
◇ 北京市委组织部青年人才项目成果"人力资本理论的应用价值研究"（项目号Z09135）

U0739618

新经济下
我国企业劳动关系问题研究

基于人力资本理论视角

刘娜 ◎ 著

中国财经出版传媒集团
经济科学出版社
Economic Science Press

图书在版编目（CIP）数据

新经济下我国企业劳动关系问题研究：基于人力资本
理论视角／刘娜著. —北京：经济科学出版社，2019.9
ISBN 978 - 7 - 5141 - 9366 - 4

Ⅰ.①新…　Ⅱ.①刘…　Ⅲ.①企业 - 劳动关系 -
研究 - 中国　Ⅳ.①F279.23

中国版本图书馆 CIP 数据核字（2018）第 112392 号

责任编辑：周胜婷
责任校对：曹育伟　杨　海
责任印制：邱　天

新经济下我国企业劳动关系问题研究
——基于人力资本理论视角
刘　娜　著

经济科学出版社出版、发行　新华书店经销
社址：北京市海淀区阜成路甲 28 号　邮编：100142
总编部电话：010 - 88191217　发行部电话：010 - 88191522
网址：www. esp. com. cn
电子邮件：esp@ esp. com. cn
天猫网店：经济科学出版社旗舰店
网址：http://jjkxcbs. tmall. com
中煤（北京）印务有限公司印刷
710 × 1000　16 开　11.25 印张　200000 字
2019 年 11 月第 1 版　2019 年 11 月第 1 次印刷
ISBN 978 - 7 - 5141 - 9366 - 4　定价：52.00 元
（图书出现印装问题，本社负责调换。电话：010 - 88191510）
（版权所有　侵权必究　打击盗版　举报热线：010 - 88191661
QQ：2242791300　营销中心电话：010 - 88191537
电子邮箱：dbts@ esp. com. cn）

序

刘娜博士新著《新经济下我国企业劳动关系问题研究——基于人力资本理论视角》即将出版，作为她的博士后合作导师，我感到非常高兴，并非常愿意为之写些文字，谨为祝贺。

劳动关系是劳动者与用人单位为实现生产过程所结成的社会经济关系。在现代经济社会中，劳动关系是一种最重要、最基本的经济关系，构成了现代社会体系正常运转的中心。但在不同发展阶段，劳动关系的内容及其表现方式是不一样的。在集权的行政主导的计划经济体制下，资本处于被抑制的状态，基于市场契约的传统劳动关系失去了存在的土壤，由于劳动用工制度是统包统配的，劳动关系的运行和调整主要通过中央和各级地方政府的行政指令来实施，表现出计划性、行政性、单一性的特点。自1978年启动改革开放进程以来，尽管在早期曾出现过"工资侵蚀利润"现象，但伴随增量改革的推进和国有企业改革的不断深化，资本由被抑制的状态中释放出来；同时，自中国式财政分权体制形成后，在以GDP为主要指标的政绩考核机制影响下，地方政府为吸引内外资以促进本地经济增长而展开了"标尺竞争"，放松了对劳动的保护并将其作为引资"优惠政策"的重要手段，劳动者应有的权利受到忽视，劳动逐渐进入被抑制的状态。党的十八大以来，劳动关系建设进入了以和谐为基调的阶段，特别是2015年4月出台了《中共中央国务院关于构建和谐劳动关系的意见》，该意见为和谐劳动关系的构建描绘了路线图，并提供了制度和组织保障。

正是在这样一个大的背景下，我主持承担了国家社科基金重大项目《构建和谐劳动关系研究》，主要从经济学的视角，对大国崛起过程中的劳动关系演变以及如何构建和谐劳动关系进行深入而系统的研究。刘娜博士那时刚好进入北师大理论经济学博士后流动站，与我进行合作研究，自然也就加入了这一重大项目的研究团队，并承担了其中部分内容的调查和研究。她敏锐地感觉到，在我国进入新常态后，经济增长的速度和经济增长的动能都发生了变化，新经济在经济增长和经济转型中发挥着越来越重要的作用。这当然也会影响到企业的劳动关系，使劳动关系发生新的变化。于是，结合项目的内容以及所在单位的实际情况，她将主要精力聚焦于新经济对企业劳动关系的影响、以农民工为主体的建筑企业的工资支付保障制度及其实施状况、建筑和房地产企业劳动者的工作时间等，并取得了一系列成果。本书即是这些成果的一个系统性梳理。

对于本书的具体内容，我不想在这里赘述，读者朋友可以自己去阅读，我相信大家会有"横看成岭侧成峰，远近高低各不同"的感觉。在这里我想表达的是，现在是个大变革的时代，正如习近平总书记2016年5月在哲学社会科学工作座谈会上所指出的，社会大变革的时代一定是哲学社会科学大发展的时代。这为我们理论工作者提出了更高的要求，也为我们理论工作者指明了努力的方向。比如劳动关系，现在的很多理论都是建立在工业化、大规模流水线生产基础之上的，是以产业工人为主要对象的，但在新时代，随着以互联网、人工智能、大数据、物联网、区块链等为代表的科学技术的巨大进步及其广泛应用，以及高等教育的大众化，服务业比重不断提高等，经典的劳动关系理论一定会面临着解释力和解决力不足的挑战。如何顺应时代的变化，创造出与之相适应的劳动关系理论，推动和谐劳动关系的构建，是我们这一代理论工作者的重要使命。

作为一名年轻学者，刘娜博士为劳动关系领域新问题的解决和新理论的构建做出了自己的努力，希望她继续努力下去。同时，希望有更多的青年学者，能够扎根中国大地，切实感受时代的脉搏，耐得住寂寞，经得起诱惑，做出高水平、能管用的成果，不辜负这个伟大的时代。

是为序。

赖德胜
北京师范大学经济与工商管理学院院长
教育部长江学者特聘授
2018 年 7 月 31 日

前　　言

　　2016 年 2 月 3 日和 2 月 24 日的国务院常务会议上李克强总理对"新经济"进行了详尽解读，提出要让政策向新动能、新产业、新业态等倾斜，大力发展"新经济"。在新经济下我国作为制造大国，将从低端制造向高端制造迈进，进而成为制造强国，最终形成"中国智造"。随着我国经济结构不断调整优化升级，就业结构也会随之转型升级，导致劳动力市场出现就业的结构性矛盾，再加上人工智能的出现，劳动力市场需要的是人力资本水平高、技能高的劳动者，而人力资本水平低、技能低的劳动者容易被替代，就业困难。就业结构的转型升级会促使新型企业劳动关系的出现。新经济下还会出现新的就业形态，"平台经济""共享经济""分享经济""互联网经济"等新的经济模式促使"零工经济"的出现，企业中"非典型雇佣"的用工模式趋势增强，企业劳动关系呈现动态化、灵活化、非均衡化的特征。

　　农民工的工资支付保障制度是构建和谐企业劳动关系的关键。工作时间是反映企业劳动关系现状的重要指标。建筑与房地产业劳动者的工作时间调查是典型行业、典型群体的调查，具有重要的研究价值。第三代农民工作为典型的劳动者群体已经步入政府、专家和学者的视域，第三代农民工的职业教育培训现状反映企业对该群体的尊重和重视程度，也是反映企业劳动关系的重要指标。政府、企业、工会是劳动关系的直接相关方，建立健全三方协商机制对于和谐劳动关系的构建具有非常重要的作用。三方协商机制也是解决企业劳动关系问题的重要途径。

第1章，绪论。本章介绍了研究概况，主要包括：研究背景、研究目的、意义与研究价值，研究思路与研究方法，研究框架，国内外研究文献述评，以及主要研究内容和研究的创新点等。

第2章，新经济下就业结构转型升级问题与对策。就业结构可以根据其内部结构划分为产业结构、区域结构、劳动者结构，本章从这三个维度综合分析我国新经济背景下的就业结构现状，进而探讨就业结构转型升级引发的新型企业劳动关系问题。

第3章，新经济下新就业形态引发新型企业劳动关系。新就业形态从工资收入、工作时间以及劳动关系等方面形成我国劳动力市场灵活性的新表现，新就业形态呈现多样化、复杂化、弹性化的特点。在劳动争议纠纷中常常表现为"劳动关系"与"劳务关系"的认定问题，促生了新型劳动关系，劳动关系更加复杂和多元化。

第4章，农民工工资支付保障制度问题与对策。本章以工资支付保障制度的工资保证金、农民工工资预储账户、农民工工资欠薪应急周转金和欠薪保障基金制度为重点，分析了我国工资支付保障制度的实施现状、实施效果以及存在的问题，提出了进一步完善工资支付保障制度的政策建议。农民工的工资支付保障制度是构建和谐企业劳动关系的关键。

第5章，我国建筑业和房地产业中高级管理者工作时间调查研究。以北京、上海等典型地区的建筑和房地产企业的中、高级管理人才为调查研究对象，应用调查法、观察法等研究方法，在数据分析的基础上，研究、探讨北京、上海地区的建筑和房地产业中、高级管理者的加班现状。初步分析了加班状况对企业劳动关系的影响，以及工会在缩短加班时间或提高加班工资的商议中所起的作用，并在此基础上对北京和上海地区的建筑和房地产业的中、高级管理者的工作强度进行了比较分析，进一步提出相应的对策建议。

第6章，新经济下劳动力市场职业教育培训存在的问题与对策——以第三代农民工为例。第三代农民工的职业教育培训不容忽视，培训有助于提高其工资性收入，有助于获取高级技工红利，有助于构建和谐的企业劳动关系。第三代农民工的职业教育培训存在工资收入较低、教育培训不足和教育培训选择困境等问题。

第7章，构建和谐劳动关系三方协商机制研究。从三方协商机制的理论出发，阐述国内外三方协商机制形成的过程及其演变的原因。然后分析中国经济新常态下三方协商机制的特点，存在的主要不足，最后提出构建和谐劳动关系三方协商机制的框架。同时可作为解决我国企业劳动关系问题的重要途径。

目　　录

第 *1* 章

绪　　论

1.1

研究背景

李克强总理曾于 2013 年底在一次座谈中肯定了新经济的作用，认为新经济可以解放旧的生产力，促进新动能的发展。在 2014 年的博鳌亚洲论坛开幕式上，李克强总理又再次提及了"新经济"这一名词，并指出了培养优秀青年人才和推动绿色能源环保、互联网等是目前经济发展的主要内容。2016 年"十三五"规划的报告中明确提出：当前我国发展正处于这样一个关键时期，必须培育壮大新动能，加快发展新经济。要推动新技术、新产业、新业态加快成长①。而在 2016 年 2 月 3 日和 2 月 24 日的国务院常务会议上李克强总理对"新经济"又进行了详尽的解读，并提出，要让政策向新动能、新产业、新业态等倾斜，大力发展"新经济"。在新经济背景下，中国作为制造大国，将从低端制造向高端制造迈进，进而成为制造强国；随着我国经济结构不断调整优化升级，就业结构亟须转型升级。就业结构的转型升级会导致劳动力市场出现就业的结构性矛盾，劳动力市场需要人力资本水平高、技能高的劳动者，而人力资本水平低、技能低的劳动者容易被人工智能所替代，就业困难。以建筑业

---

① 十二届全国人大四次会议表决通过，《中华人民共和国国民经济和社会发展第十三个五年规划纲要》，2016 年 03 月 16 日。

为例，就业结构的转型升级会促使以第三代农民工为主体的建筑业工人，在劳动力市场中寻找不到合适的工作岗位，容易出现企业劳动关系问题。

劳动关系是劳动者与用人单位为实现生产过程所结成的社会经济关系，是现代工业社会中最复杂的问题之一，也是市场经济的核心问题之一。企业劳动关系是指企业和劳动者之间的社会经济利益关系，这里所说的企业劳动关系不仅指私营企业、外资企业等，还包括国有企业的劳动关系。具体来说，它包括三个方面的内容：一是确立企业与劳动者双方的地位及相互结合的方式；二是明确企业与劳动者双方的责、权、利；三是建立企业与劳动者之间的协调机制及维护双方的合法权益[①]。新经济下我国企业劳动关系必然呈现出新的特点，出现新的变化，受冲击最大的应是处于次要劳动力市场的劳动者，处于主要劳动力市场的劳动者受冲击则相对较小。目前建筑业的劳动者主要来源是第三代农民工，构成了次要劳动力市场的主体，受到的冲击最大。因此，新经济下企业劳动关系的变化，尤其是建筑业的企业劳动关系问题值得我们深入研究。

新经济下的企业劳动关系问题主要表现为：

（1）雇佣方式由稳定雇佣向灵活雇佣转变。

（2）雇主和雇员双方博弈力量悬殊。雇主力量更强而雇员力量更弱。

（3）企业劳动关系矛盾日益加剧。

（4）企业劳动关系分化日趋显明。

1.2

研究目的、意义与价值

1.2.1　研究目的与意义

在经济新常态下集中智力资源，系统深入地研究企业劳动关系的新变化，

---

① 刘玉芳. 我国劳动关系研究领域的转向分析 [J]. 社会科学家, 2013 (7).

分析产生企业劳动关系新变化的背后动因，提出有效的解决方案已显得刻不容缓，尤其对受冲击最大的劳动密集型企业劳动关系的研究具有重要的理论和现实意义。集中体现在以下三个方面：

（1）对新经济下的企业劳动关系问题研究，能有效缓解日趋紧张的企业劳动关系矛盾，是我国企业提高核心竞争力的前提条件。

（2）对新经济下的企业劳动关系问题研究，构建和谐的企业劳动关系，是传统制造业和建筑业等劳动密集型企业走出困境，建设创新型企业的关键基础。

（3）对新经济下的企业劳动关系问题研究，是企业与国际标准接轨和海外发展的现实选择。

因此，对新经济下的企业劳动关系问题进行研究，构建概念性分析框架，分析企业劳动关系存在的问题，进一步提出问题解决方案，构建和谐的企业劳动关系，对完善和补充现有劳动关系的研究具有重要的理论意义和现实意义。

1.2.2 研究价值

（1）为中央政府和地方政府预防、制定和实施新经济下解决企业劳动关系问题的决策方案提供科学依据。

（2）丰富现有劳动关系、劳动就业与社会保障，以及劳动经济学的研究内容，具有重要的学术研究价值。

（3）为新经济下劳动关系矛盾加剧的企业提供可操作的缓解劳动关系矛盾的解决方案。新经济下建筑业和传统制造业"强资弱劳"的格局尤为突出，加强劳动者合法权益的保护尤为重要。通过对比和评估不同的政策干预手段的有效性、适用性等研究工作的开展，势必会丰富政府、企业在劳动权益保护手段和方式上的选择。具有重要的应用价值。

（4）为企业履行社会责任、构建和谐的企业劳动关系提供新的指导。一方面由于劳动密集型企业的劳动者人力资本水平不断提高，另一方面由于国内劳动保障法律、法规制度的不断健全和国际社会通行标准的不断提高，我国劳动密集型企业履行社会责任的主动性和迫切性明显增强。

1. 3

国内外研究文献综述

1. 3. 1　对国外文献的梳理

国外关于企业劳动关系的研究较为丰富，对欧美建筑企业的劳动关系阐述较多。让·德鲁克尔（Jan Druker，2000）研究发现，从 20 世纪 90 年代中期起，雇主与工人签订尽可能短时间的劳动合同而导致大量灵活化和短期化的用工，分包制的广泛采用，不断延长的工时，成为欧洲国家建筑业雇佣关系的基本特征。贾尼斯·法恩（Janice Fine，2008）提出，在美国存在着分包商完全无视有关工资和工时的法律、无视劳动安全和工伤补偿的规定，已经成为建筑业劳动关系越来越显著的特征。斯泰格尔（Steiger，1991）也明确指出，到 20 世纪 80 年代末期，美国的总承包商数量下降，分承包商的数量明显增加。

对于产业结构调整对劳动关系影响的研究文献并不少见。早期以洛克伍德（Lockwood，1966）为代表，指出由于工人工作环境的社会关系结构和技术结构不同，不同产业下的工人群体对劳动关系的处理态度也不相同。随后，阿申费尔特和纳翰逊（Ashenfelter & Johnson，1969）、克罗宁（Cronin，1978）、布兰德尔和特拉克斯勒（Brandl & Traxler，2010）、德弗罗和哈特（Devereux & Hart，2011）等人对经济周期与劳动关系进行了研究，他们普遍认为劳动者的要价能力与经济繁荣（高增长和低失业）程度成正比。布兰奇·弗劳尔和弗里曼（Blanch Flower & Freeman，1992），布兰奇·弗劳尔和布赖森（Blanch Flower & Bryson，2002），阿申费尔特和希斯洛普（Ashenfelter & Hyslop，2001）等研究者发现制度背景在劳动关系变化的过程中发挥着非常重要的作用。以上成果对于研究我国新经济下的企业劳动关系变化有一定的借鉴意义。

1.3.2　对国内文献的梳理

国内对劳动关系问题的研究文献中，较有代表性的有赖德胜、李长安（2016）深入探讨了经济新常态背景下的和谐劳动关系构建问题，并进一步梳理了经济新常态下我国劳动关系可能出现的新特点。游正林（2014）在与常凯先生的商榷中对中国劳动关系的转型进行了新的解读。谢德成（2016）从劳动法的视角探讨了我国经济转型时期的劳动关系发展趋势和思维嬗变，认为集体劳动关系逐渐成为社会关系的新形态。

分行业研究企业劳动关系的文献以建筑业居多，但传统制造业有限。赵炜（2011）结合在北京和江苏省南通市建筑企业的调查，分析建筑企业生产模式的"中国特色"，描述农民工在现行生产管理体制下的工作状况和工会所处的被动地位及形成因素。何兴（2011）则较为具体的分析了建筑领域侵害农民工权益现象的主要原因。石郑（2015）明确提出在经济新常态下，和谐劳动关系有助于实现企业和员工的"互利双赢"，指出在劳动关系领域，建筑业有其特殊性，具体表现为员工高流动性、工作高风险性、工作环境较差、劳动强度较大、工资收入偏低。

不分行业总体研究我国劳动关系的成果较为丰富。如曹可安（2010）、曾湘泉（2011）都认为农民工已经成为劳动关系的主体因素；邱小平（2010）和常凯（2013）提出当前我国劳动关系越来越复杂，正进入矛盾易发期和多发期，正从个体劳动关系向集体劳动关系转变。还有杨河清和陈天学（2011）、袁凌（2012）、李长安（2013）、孟大虎（2016）等尝试构建劳动关系评价指标体系。

此外，冯喜良（2016）、张车伟（2009）、蔡昉（2010）、常凯（2013）、杨伟国（2012）等强调了《劳动合同法》及相关劳动法律的实施对劳动关系的重要意义。冯同庆（2010）、李丽林和袁青川（2011）等强调了工会与集体协商机制对劳动关系的重要作用。吴清军（2016）对欧美劳动关系理论进行了述评。

1.3.3 已有研究存在的不足

（1）缺乏针对经济新常态下企业劳动关系问题的系统研究。目前从宏观视角研究劳动关系的较多，对拥有大量较低人力资本劳动者的建筑企业和传统制造企业的劳动关系关注不够，而在新经济的背景下，针对建筑业和传统制造业的企业劳动关系变化的研究更是凤毛麟角。

（2）定性分析多，定量分析少。在经济新常态下，影响建筑企业和传统制造企业劳动关系变化的因素错综复杂，仅仅依赖定性分析，还不足以使我们发现重要性程度较高的因素。因此，需要加强定量分析以提高政策说服力。

1.4
研究方法与思路

1.4.1 研究方法

本书拟采取以下三种研究方法：

（1）国际比较与案例研究相结合的研究方法。新经济下的我国企业劳动关系问题与世界主要大国的相关问题既有相似之处，又有我国国情的异质性因素。因此，本书注重运用历史比较分析的方法对世界主要大国的相同经济背景下的企业劳动关系变化进行国际比较和总结。在强调一般性比较的同时，也注重个案研究。

（2）定量与定性分析相结合的研究方法。基于大量的经验数据对新经济下影响企业劳动关系现状的因素进行定量分析；在实证分析的基础上，对目前的相关政策和调解机制的效果进行定性评价和定量评估。

（3）质性研究与实证分析相结合的研究方法。质性研究是建立在对国内外相关文献述评基础之上的，旨在构建一个概念性分析框架。实证分析主要采用 AHP 分析方法和熵权法，分析企业劳动者对劳动关系的主观评价，同时借助 Probit 模型对企业劳动关系满意度的影响因素进行回归分析。通过实证分析对理论结论进行检验，从而使得本课题的研究结论更加可靠。

1.4.2 研究思路

本书主要沿着"文献研究→理论分析→开展调查→案例研究→实证分析→结论与政策建议"的研究思路，具体如图 1.1。

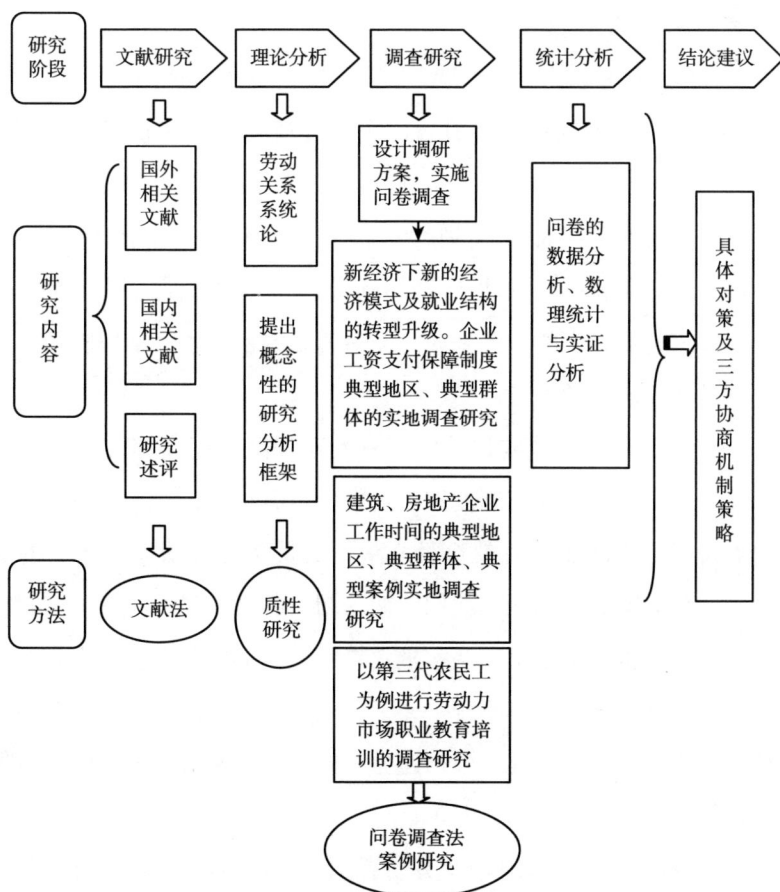

图 1.1 本书研究线路

1.5

研究主要内容

1.5.1 研究对象

本报告主要以新经济下的企业劳动关系问题为主要研究对象。

1.5.2 总体内容框架

（1）新经济下就业结构转型升级，企业劳动关系出现新问题。我国经济发展已进入新常态，就业结构亟须转型升级，必将促使企业的劳动关系出现新的变化，产生新的问题，面临新的挑战。尤其是劳动密集型企业受冲击最大，如建筑业。建筑业是我国支柱性产业，并以第三代农民工为主体，是农民工就业的主要渠道，增加收入的主要来源，作为劳动关系主体因素的农民工对劳动关系的评价是我们研究的关键。

（2）新经济下建筑企业农民工的工资支付保障制度实施现状与存在的问题。完善农民工工资支付保障制度和工资集体协商制度，是从根本上解决建筑行业拖欠农民工工资问题的有效途径之一，也是缓解劳动关系矛盾的症结所在，关系到社会的安定、和谐。我们前期的调查研究表明，农民工工资支付保障制度实施以来，虽然产生了一些积极效果，但是仍然存在着不少问题。如各地区规定保障制度的支付主体不统一，工资支付保障监控制度不够明确，联动机制有待进一步强化等。因此，亟须建立、健全建筑业农民工工资支付保障制度和工资集体协商的长效机制。

（3）新经济下建筑、房地产业劳动者工作时间现状与存在的问题。我们的调研数据显示，传统制造业的劳动者普遍存在加班时间长，自愿或被迫加班的现象，折射出传统制造业存在过度劳动的现象，五险一金的实施情况也不容乐观。劳动者缺乏自我维权意识、维权能力弱。而且，劳动保障机制在制定过程中因缺乏劳动者的参与，导致相关法律还不够健全、亟待完善。

（4）新经济下劳动力市场职业教育培训现状与存在的问题。新经济下我国经济结构不断优化升级，就业结构面临转型升级，我国正在加快迈进制造强国，实现中国智造。劳动力市场出现就业的结构性矛盾，低技能人才面临被人工智能替代的风险，高技能的劳动者供给不足。第三代农民工作为新生代农民工的主体，需要不断提升劳动技能，加强职业教育培训，以构建和谐的劳动关系。本书分析当前劳动力市场职业教育培训的现状，对职业教育培训效果进行评价，发现问题，借鉴国外职业教育培训经验，分别从政府、企业和培训机构三个主体视角提出解决问题的对策和政策建议。

（5）解决问题的对策与政策建议。如何在新经济下构建企业的和谐劳动关系，分析以政府、工会、企业为主体的三方协商机制的机理，本书探讨以此为基础的改进措施。本书还进一步探讨企业工会职能转变的问题，以及社会组织对劳动密集型企业，尤其是建筑业和传统制造业的劳动关系将产生的重要影响。

1.6

研究创新点

（1）学术观点创新：深入探讨新经济下我国企业劳动关系变化现状，总结了四个主要新特点。

（2）学术思想创新：将企业劳动关系系统论的分析框架运用于新经济下的企业劳动关系变化的研究中，尝试构建一个概念性的分析框架，在理论研究层面发展和完善了劳动关系的相关理论。

（3）研究方法创新：国际比较与案例研究相结合，质性研究与实证分析相结合，定性与定量相结合。注重将历史描述、经验总结与现状分析相结合。

第 2 章

新经济下就业结构转型
升级问题与对策

中国经济正面临转型的阵痛期，再让传统动能继续保持过去那样的高增长，不符合经济规律，要让"新经济"形成新的"S形曲线"，带动中国经济新的动能。在2016年的达沃斯论坛上，李克强总理欣喜地表示中国新经济、新业态的发展超出预期，未来还将继续致力于推动经济的转型发展。

2.1
理论分析框架

2.1.1 核心概念

2.1.1.1 经济模式

经济模式是指在经济主体的运行中具有整体性的本质性的特征，它具有整体性、概括性以及联系性。伴随着经济的发展，经济模式并不是一直固定不变的，它会随着各国的经济发展、国情变化，以及很多因素的影响而产生出各种新兴的、符合时代规律的经济模式。在我国新经济的背景下无疑产生了这样的新经济模式，以下选取了有典型特征且对就业结构有影响作用的共享经济模式和平台经济模式进行分析。

（1）共享经济模式。

共享经济是由第三方建立的一个平台，通过这个平台人们可以共享资源，而这个第三方可以是商业机构、组织或政府，所共享的资源可以是物品、资产或是技能。目前一提到"共享"两个字，大家首先会想到的就是共享出行，如以摩拜和 ofo 为首的共享单车、嘀嘀打车和优步（Uber），但其实除了出行外，房屋、广告、资金等都可以被共享，如共享空间的代表 Airbnb 可提供民宿和家庭旅馆，适合旅行中短租，颇受中外游客认可。人们无需买而是通过租赁方式得到物品的使用权，使闲置的资源得以充分利用，对于提供资源和使用资源双方而言是双赢。共享经济促成了一种新的供给模式和交易关系的实现。

（2）平台经济模式。

平台经济是服务业，其将制造业与服务业实现了融合，以信息技术的发展为支撑，为买卖双方提供一个交易的场所。最出名的平台经济莫过于淘宝、京东、阿里巴巴，这些企业的成功推动着许多创业者从事电商这一新兴行业，带动其蓬勃发展，引领新兴经济增长。

平台经济的兴起与昌盛促使产生了许多新的经营方式和新业态，如团购、第三方支付等。中国建设银行作为国有四大银行之一在 2017 年 3 月 28 日宣布与阿里巴巴、蚂蚁金服达成战略合作，这无疑是一次重大的创新，是中国传统金融业开始转型变革的标志，这证明了平台经济在不断地推动产业结构的创新。另一表现在于推动制造业的变革，实现从生产到运输再到销售的整合，降低了成本，拓宽了渠道，以此创造更大的利益。

2.1.1.2　就业结构

就业结构是指国民经济中的各个部门所占劳动力的数量和比重以及相互关系，或者是指不同就业人口之间的比重和在总的就业人口之中的比重。就业结构也可以称作为社会劳动力分配结构，因为它所表明的是劳动力资源配置的情况或变化的特征。

就业结构按不同标准可以进行内部结构分析，通常其内部可以划分为：就业的产业结构，就是第一、二、三产业就业；就业的地区结构，一般探讨我国不同经济发展地区或地理位置不同地区之间就业人口的分布，以及城乡就业分布问题；就业的部门结构，与就业的产业结构变化趋势大体相同，按国民经济行业划分更加的细致；就业的所有制结构，即在国有经济、城镇集体经济等不同经济类型下就业的人口。这些都影响着就业结构整体的变化，研究我国就业结构的转型升级现状，就需要结合各内部结构的演进及现状进行分析。

就业结构不是一成不变的，它会受到诸多因素的影响而随着时代的进程逐渐变化。对就业结构变化影响最大的因素就是经济的发展，经济的发展带动着产业发展和新动能的出现，从而促进就业结构的转型升级。此外，劳动力素质、就业政策、社会保障、就业观念等都会对就业结构的转型升级有着不可忽视的影响。

2.1.2 理论基础

（1）配第—克拉克定理是由克拉克将配第的研究作为基础进行深入的研究分析归纳，从而加以验证得出的，它揭示了在经济的发展过程中三产业中劳动力分配结构的演进，指出了劳动力分配结构变动的原因是三产业之间的相对收入差异。通过研究配第—克拉克定理，我们可以发现经济的发展以及国民收入的提高共同促使着劳动力在三次产业间流动。首先表现为第一产业的劳动力和国民收入减少，其次是第二产业的比重增加，最终第三产业的比重也会上升，这种演变的规律已在多个国家和地区的计量、比较中得到证实。

无论是同一国家中不同时期不同经济发展状况之间劳动力的变化对比，还是同一时间点上不同经济发展水平的多个国家劳动力的对比，都可以通过配第—克拉克原理进行印证。这对研究我国不同时期就业的产业结构变动以及对比其他发达国家的劳动力分配结构与我国目前存在的差异，有着指导性的作用。

（2）二元经济模型是由著名的经济学家刘易斯所提出的，这一理论的提出对研究发展经济学的问题提供了重要的支撑。他认为在二元经济体系中，并存着两大经济部门，也就是传统部门和现代部门。传统部门的特点在于自给自足、劳动效率较低、劳动力多但收入普遍很低；反之现代部门的劳动生产率高，多运用先进技术、劳动收入高但所能容纳的劳动力较少。现代部门可以从传统部门中吸纳剩余的大量劳动力，从而创造出超额利润、扩大资本，对于发展中国家来说，可以通过发展经济不断扩大现代部门、缩小传统部门以解决就业问题。

（3）奥肯定律是以其提出者阿瑟·奥肯来命名的，它描述的是国内生产总值（GDP）增长率与失业率之间的变化关系。当某个国家的实际 GDP 增长率比潜在 GDP（充分就业 GDP）增长率下降 2% 时，失业率会上升约 1%；反之，当实际 GDP 增长率上升 2% 时，失业率就会下降约 1%。这种失业率与国内生产总值增长率呈反向变化的关系，即高增长率促使失业率下降，低增长率导致失业率上升，就是奥肯定律的核心内容。

奥肯定律的发现对研究经济增长对就业的影响有着重要的作用，然而对于不同经济时期，不同国情，奥肯定律也存在着一定变化的可能。在我国经济落后的时期，经济增长的确可以拉动就业的增加，减少失业率，GDP 与失业率呈相反变化趋势；然而近年来我国经济发展迅速，国内生产总值的增长不再能带来预期的失业率下降，对就业的拉动效果有较大程度的下降，这是由于我国的结构滞后、就业压力大等多种因素共同造成的。

（4）人力资本理论是 18 世纪中叶，由美国经济学家舒尔茨和贝克尔创立的，它突破了传统的观念，将资本看作物质资本和人力资本的结合。人力资本理论在发展的过程中曾有多位著名经济学家对此进行过研究，使其逐渐完善，也让后人看到了它在经济学领域研究中的重要性。所谓人力资本是凝结在劳动者身上的知识、技能及其所表现出来的能力之和，也就是通过进行教育、培训等活动给自己进行投资，通过增加终身所得来增加未来收入。

人力资本理论把人力资源看作最重要的资源，其作用大于物质资本；发展人力资本可以看作是一种投资，通过教育和培训等手段提高人力资本的价值，以推动技术发展，促进经济的增长。

2.2

我国就业结构转型升级现状

就业结构可以根据其内部结构进行划分，本书主要是通过对就业结构中的产业结构、区域结构、劳动者结构这三部分来综合分析我国新经济背景下的就业结构现状。

2.2.1 就业的产业结构现状

通过对配第—克拉克定理的研究可以发现，在经济发展过程中劳动力的分配结构会发生改变，劳动力会在三次产业间进行流动，第一产业劳动力的减少伴随着第二、第三产业劳动力的增加，我国也基本符合这一规律的发展。

表 2.1 为我国 1990～2015 年三次产业中就业人员的数量及比重。

表 2.1　　　　　　我国 1990～2015 年三次产业就业人数及占比数

年份	就业人数合计（万人）	第一产业		第二产业		第三产业	
		人数（万人）	占比（%）	人数（万人）	占比（%）	人数（万人）	占比（%）
1990	64749	38914	60.10	13856	21.40	11979	18.50
1991	65491	39098	59.70	14015	21.40	12378	18.90
1992	66152	38699	58.50	14355	21.70	13098	19.80
1993	66808	37680	56.40	14965	22.40	14163	21.20
1994	67455	36628	54.30	15312	22.70	15515	23.00
1995	68065	35530	52.20	15655	23.00	16880	24.80
1996	68950	34820	50.50	16203	23.50	17927	26.00
1997	69820	34840	49.90	16547	23.70	18432	26.40
1998	70637	35177	49.80	16600	23.50	18860	26.70

年份	就业人数合计（万人）	第一产业		第二产业		第三产业	
		人数（万人）	占比（%）	人数（万人）	占比（%）	人数（万人）	占比（%）
1999	71394	35768	50.10	16421	23.00	19205	26.90
2000	72085	36043	50.00	16219	22.50	19823	27.50
2001	72797	36399	50.00	16234	22.30	20165	27.70
2002	73280	36640	50.00	15682	21.40	20958	28.60
2003	73736	36204	49.10	15927	21.60	21605	29.30
2004	74264	34830	46.90	16709	22.50	22725	30.60
2005	74647	33442	44.80	17766	23.80	23439	31.40
2006	74978	31941	42.60	18894	25.20	24143	32.20
2007	75321	30731	40.80	20186	26.80	24404	32.40
2008	75564	29923	39.60	20553	27.20	25087	33.20
2009	75828	28890	38.10	21080	27.80	25857	34.10
2010	76105	27931	36.70	21842	28.70	26332	34.60
2011	76420	26594	34.80	22544	29.50	27282	35.70
2012	76704	25773	33.60	23241	30.30	27690	36.10
2013	76977	24171	31.40	23170	30.10	29636	38.50
2014	77253	22790	29.50	23099	29.90	31364	40.60
2015	77451	21919	28.30	22693	29.30	32839	42.40

资料来源：表中数据根据 2016 年的《国家统计年鉴》整理而得，表中数据为当年的年底数。

从表 2.1 中可以看到，我国就业的产业结构在 1994 年年底的统计中发生了改变，由保持了多年的"一二三"结构转而发展为"一三二"的结构，在此时第一产业的就业人数虽然在下降，但占比仍多达一半以上；1994～2011年这近二十年间，我国的经济快速发展着，截至 2011 年底，第三产业的就业人数超过第一产业成为最多，三次产业间差值明显减小，就业人数最少的第二产业也仅比第一产业就业人数少 6%，与 2002 年前向第一产业一边倒的情况已有了很大的改善；伴随着新经济的出现，2011 年后迎来了新的改变，第三产业从业者人数提升明显，截至 2015 年年底达到了 32839 万人，占比 42.4%，将近半成，而第二产业的就业人数也在 2014 年超过了第一产业，转变为"三二一"的格局，自此就业的产业结构实现转型升级。

再通过图 2.1 中折线图的变化可以更加清晰地反映出三产业各自的变化浮动以及相互之间的对照关系，两线相交的位置所对应的年份就是就业的产业结构发生转型升级的时间点。

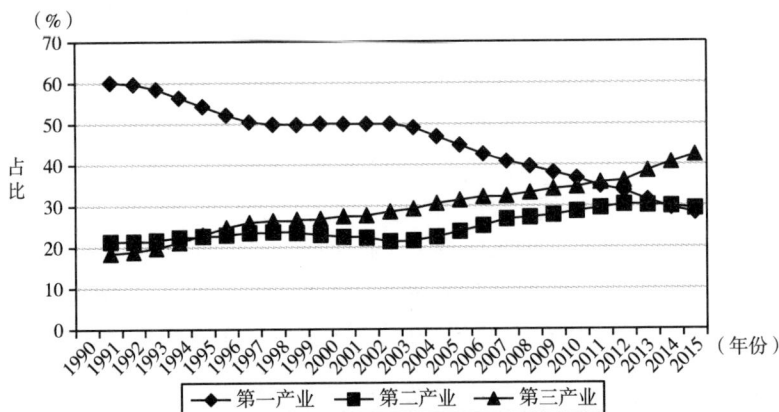

图 2.1　我国 1990～2015 年三次产业就业人员占比变化（年底数）

资料来源：本图根据 2016 年的《国家统计年鉴》整理。

此外，涂航标在对我国产业结构演进中的就业结构进行研究时，对三次产业间 1978～2013 年的年就业增长率做出了对比[①]，并绘制了图 2.2。由图 2.2 可以清晰地看到第三产业的就业增速极快，而第一产业与之恰恰相反，所以第三产业吸纳了第一产业的众多劳动力，而第二产业虽然主要呈正增长，但增速缓慢，对于吸纳劳动力有一定作用。

铁楠也对产业结构中的各细分行业间的结构进行了研究[②]，他通过对比 2004～2014 年各行业间就业人数的变动发现，除农林牧渔和批发零售业的从业人员有所下降外，其他的各行业从业者皆有上升，其中上升前五的行业分别是制造业、建筑业、房地产业、教育和交通运输业、仓储和邮政业，这五个行业皆属

---

① 涂航标. 我国产业结构演进中的就业结构研究［D］. 西北师范大学，2015（1）.

② 铁楠. 中国就业结构的演化现状与调控机制研究［D］. 南昌大学，2016（1）.

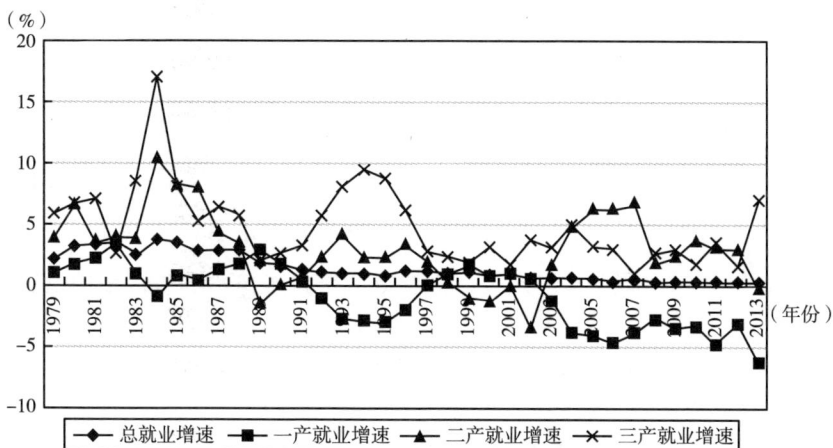

图 2.2　1978～2013 年我国三次产业年就业增长率变化

注：由于 1990 年为五普数据，统计口径不同，导致该年就业增速失真，已进行了调整。

资料来源：2014 年的《中国统计年鉴》。

于第二产业和第三产业，其中第二产业对经济的增长拉动较第三产业更为明显。

综上，通过对数据的比较和分析可以得出，我国就业的产业结构正逐渐趋向合理化，伴随着经济的发展以及产业结构的变化，就业人员随之变化，就业结构的转型升级虽仍较产业结构存在滞后，但差距在缩小。

2.2.2　就业的区域结构现状

2.2.2.1　就业的地域结构

笔者对我国 2016 年各省区市的互联网从业人数进行对比，如表 2.2 所示。统计结果表明，在北京从事互联网工作的人有 417.8 万之多，约占全国同比 25%，当然很大一部分原因在于全国知名的互联网公司，如百度、新浪、京东、搜狐、爱奇艺等总部大多都聚集在了北京。除北京外，前五还依次包括了广东、浙江、上海和江苏五个省市，这些省市的互联网从业人数都达到了一百万以上，与下一梯度的省份相差近 50 万人。可以看出互联网从业人数在我国的分布已经形成了三个梯度。其中第一梯度为超过百万人以上的五个省市，总计互联网从业人数占全国73%；第二梯度为四川、重庆、山东、福建和湖北五个省市，互联网从业人员在40万~60万之间，相对于最后一个梯度的省市也有着很大的差距。通过对数据的统计分析以及对各省市的了解，在新经济的背景下，经济发达的省市以及东部沿海省市的就业结构转型速度相对更快，就业结构已发生转型升级，而中西部省区市的发展相对落后，新经济对其就业结构变动的影响还未出现明显的成效，需要继续推进经济落后省区市的发展。

表2.2　　　　　　2016年我国各省区市互联网从业人数分布数据　　　　单位：万人

省份	从业人数	省份	从业人数
北京	417.8	河北	15.3
广东	346.7	云南	10.0
浙江	193.3	江西	9.5
上海	132.1	广西	7.6
江苏	128.9	山西	6.5
四川	60.7	黑龙江	6.2
重庆	56.6	吉林	5.9
山东	47.3	贵州	3.1
福建	42.4	内蒙古	2.6
湖北	42.2	海南	2.5
辽宁	25.9	新疆	2.3
湖南	24.1	甘肃	1.8
河南	22.1	青海	0.6
天津	21.5	宁夏	0.5
安徽	20.7	西藏	0.4
陕西	20.2		

资料来源：国家统计局统计年鉴、拉勾人才数据库。

2.2.2.2　就业的城乡结构

通过表2.3所示的统计数据可知，总体来看，我国城镇就业人口数逐年提升，乡村就业人口数逐渐下降，且每年增幅或降幅均比较平稳。截至2013年年底的数据，乡村就业人口始终大于城镇就业人口，随着两者差距逐渐缩小，到 2014 年城镇就业人口数开始超过乡村，并有持续扩大差距的趋势。城镇的就业人口增加主要体现在有限责任公司、私营企业和个体经济的从业人员增加，这就说明这一改变与城镇经济的快速发展有着密不可分的关系，新经济的出现主要体现在对大中型城市的影响，这些新兴产业需要吸纳更多的劳动力，而这些企业的发展也吸引着年轻的劳动力从乡村流向城镇。

表 2.3　　　　　　　我国 1995~2015 年城镇与乡村就业人数及比重

年份	就业人数总计（万人）	城镇		乡村	
		人数（万人）	比重（%）	人数（万人）	比重（%）
1995	68065	19040	27.97	49025	72.03
1996	68950	19922	28.89	49028	71.11
1997	69820	20781	29.76	49039	70.24
1998	70637	21616	30.60	49021	69.40
1999	71394	22412	31.39	48982	68.61
2000	72085	23151	32.12	48934	67.88
2001	72797	24123	33.14	48674	66.86
2002	73280	25159	34.33	48121	65.67
2003	73736	26230	35.57	47506	64.43
2004	74264	27293	36.75	46971	63.25
2005	74647	28389	38.03	46258	61.97
2006	74978	29630	39.52	45348	60.48
2007	75321	30953	41.09	44368	58.91
2008	75564	32103	42.48	43461	57.52
2009	75828	33322	43.94	42506	56.06
2010	76105	34687	45.58	41418	54.42
2011	76420	35914	47.00	40506	53.00
2012	76704	37102	48.37	39602	51.63
2013	76977	38240	49.68	38737	50.32
2014	77253	39310	50.88	37943	49.12
2015	77451	40410	52.17	37041	47.83

资料来源：根据 2016 年的《国家统计年鉴》整理而得，表中数据为当年年底数。

再将表 2.3 的数据与表 2.4 的数据进行对比分析，数据显示城乡就业人口与城乡总人口的变化趋势基本一致。其中城镇就业人口与总就业人口之比始终低于城镇人口与总人口之比，而乡村则相反。这就说明城镇一直存在岗位的不足和失业情况，反之乡村存在着剩余劳动力，这就要求就业结构随着新经济的出现而转型升级，使得农村的劳动力可以拓展其就业方式，紧随时代的要求，而城镇的劳动力如果不能满足新经济对于其技术、知识水平的要求，则应由大中型转型城市转向小型城市，以此来优化就业结构。

表 2.4　　　　　　　我国 1995～2015 年城镇与乡村人口数及比重

年份	人口数总计（万人）	城镇		乡村	
		人数（万人）	比重（%）	人数（万人）	比重（%）
1995	121121	35174	29.04	85947	70.96
1996	122389	37304	30.48	85085	69.52
1997	123626	39449	31.91	84177	68.09
1998	124761	41608	33.35	83153	66.65
1999	125786	43748	34.78	82038	65.22
2000	126743	45906	36.22	80837	63.78
2001	127627	48064	37.66	79563	62.34
2002	128453	50212	39.09	78241	60.91
2003	129227	52376	40.53	76851	59.47
2004	129988	54283	41.76	75705	58.24
2005	130756	56212	42.99	74544	57.01
2006	131448	58288	44.34	73160	55.66
2007	132129	60633	45.89	71496	54.11
2008	132802	62403	46.99	70399	53.01
2009	133450	64512	48.34	68938	51.66
2010	134091	66978	49.95	67113	50.05
2011	134735	69079	51.27	65656	48.73
2012	135404	71182	52.57	64222	47.43
2013	136072	73111	53.73	62961	46.27
2014	136782	74916	54.77	61866	45.23
2015	137462	77116	56.10	60346	43.90

资料来源：根据 2016 年的《国家统计年鉴》整理而得，表中数据为当年年底数。

2.2.2.3　就业的劳动者结构

（1）劳动者的学历结构。

在当前社会和经济的发展中，高学历、高技术的人才越来越受到重视，科技的发展使得电子机械产品逐渐地改进和完善，机器生产和运算已经能很大程度地取代劳动力生产，且效率高，产品质量绝大多数也比手工生成的好。

通过比较表 2.5 中 2014 年和 2015 年我国受教育程度不同的劳动者所从事不同职业的占比数，可以发现，学历较低的劳动者聚集在从事农林牧渔、水利业生产的职位，该职位从业人数在 2014 年和 2015 年所有就业者中占比都是最高的，但由 38.1% 下降到了 28.3%。2015 年，商业服务业人员快速增多，超过了生产运输设备操作人员，占比达到 24.7%，排到了第二位。从事专业技术职业的人员占总从业人数的 10% 左右，而其中受教育程度越高的人越能够胜任这类职业。随着科技水平不断提升、第三产业快速发展，还需要吸纳更多知识技能型人才，而这些岗位通常录用的是拥有较高学历的劳动者。

表 2.5　　　　2014~2015 年我国按受教育程度划分就业人员职业构成　　　单位:%

年份	受教育程度	单位负责人	专业技术人员	办事人员和有关人员	商业、服务业人员	农林牧渔、水利业生产人员	生产运输设备操作人员及有关人员	其他
2014	总计	2.1	9.6	6.0	20.1	38.1	23.8	0.4
	未上过学	0.1	0.7	0.6	7.0	83.6	7.7	0.3
	小学	0.5	1.8	1.3	10.3	71.0	14.9	0.3
	初中	1.4	3.7	2.4	20.4	42.0	29.5	0.5
	高中	3.4	12.1	9.1	32.1	14.2	28.6	0.5
	大学专科	5.1	32.9	20.4	23.3	2.7	15.3	0.4
	大学本科	5.8	46.4	24.4	13.9	0.8	8.3	0.3
	研究生	5.8	61.9	19.7	7.4	0.5	4.4	0.3

续表

年份	受教育程度	单位负责人	专业技术人员	办事人员和有关人员	商业、服务业人员	农林牧渔水利业生产人员	生产运输设备操作人员及有关人员	其他
2015	总计	2.0	11.7	9.5	24.7	28.3	23.4	0.4
	未上过学	0.2	3.0	1.2	10.5	75.3	9.6	0.2
	小学	0.5	2.7	2.2	14.5	61.7	18.1	0.3
	初中	1.3	5.2	4.5	26.6	30.8	31.1	0.4
	高中	2.9	9.9	12.4	36.1	12.0	26.2	0.5
	大学专科	4.2	29.8	25.2	26.2	1.4	12.9	0.4
	大学本科	4.6	43.5	29.0	15.3	0.5	6.7	0.3
	研究生	5.6	60.5	23.1	6.7	0.2	3.7	0.2

注：资料来源为《中国劳动统计年鉴（2015）》《中国劳动统计年鉴（2016）》。

此外，往往技术人员与单位负责人这种需要高学历人才的工作能获得更高的收入，对于促进新经济的发展也有着更加重要的作用，可见提升劳动者的人力资本对于新经济下的就业结构转型有着不可忽视的指导作用。

（2）劳动者的性别结构。

就业的性别歧视问题一直存在，伴随着全面二孩政策的出台和落实，这一问题被广大女性所重视和担忧。而在新经济迅速发展的背景下，劳动者就业的性别结构中是否存在就业的性别歧视现象，通过表2.6中2015年我国男性和女性在各职业中所占比例以及不同受教育程度的男女同职业中所占比例的统计数据可以得出初步的判断。

表2.6　　　　2015年我国按受教育程度、性别分就业人员职业构成　　　单位:%

受教育程度	单位负责人		专业技术人员		办事人员和有关人员		商业、服务业人员		农林牧渔、水利业生产人员		生产运输设备操作人员及有关人员		其他	
	男	女	男	女	男	女	男	女	男	女	男	女	男	女
总计	2.5	1.2	10.7	13.0	10.5	8.2	21.9	28.5	24	34.0	29.9	14.8	0.4	0.4
未上过学	0.5	0.1	3.9	2.6	2.1	0.8	10.5	10.5	66.3	79.2	16.3	6.6	0.3	0.2
小学	0.7	0.3	3.4	2.2	3.3	1.1	13.0	16.0	55.2	68.0	24.2	12.3	0.3	0.2

续表

受教育程度	单位负责人		专业技术人员		办事人员和有关人员		商业、服务业人员		农林牧渔水利业生产人员		生产运输设备操作人员及有关人员		其他	
	男	女	男	女	男	女	男	女	男	女	男	女	男	女
初中	1.6	0.8	5.5	4.7	5.3	3.2	22.3	33.1	27.2	36.4	37.6	21.3	0.4	0.4
高中	3.4	1.9	9.3	11.0	13.0	11.4	29.8	47.6	12.1	11.9	31.9	15.9	0.5	0.4
大学专科	5.7	2.4	24.2	36.8	25.7	24.6	24.6	28.2	1.7	1.0	17.8	6.6	0.4	0.4
大学本科	6.2	2.8	37.9	50.4	30.6	27.1	15.2	15.5	0.6	0.3	9.2	3.7	0.4	0.2
研究生	7.6	2.9	57.3	64.8	23.7	22.3	6.7	6.7	0.3	0.2	4.1	3.0	0.3	0.1

注：资料来源《中国劳动统计年鉴 2016》。

男女学历相同情况下，男性成为单位负责人和生产运输设备操作人员这两类职位的比例明显高于女性，而女性则更通常成为商业、服务业人员，其他的职位对于男性和女性同学历情况下的占比区别较小。以上分析表明，女性就业歧视问题依然存在，在同等学历下女性求职的成功率要低于男性，女性的晋升机会也要少于男性，女性就业的天花板现象仍然存在。《中华人民共和国劳动法》（以下简称《劳动法》）中虽然明确提出男女拥有平等就业权，提出了合理维权等措施，但女性就业歧视现象并未得到缓解。

钱雪通过对公共政策视域下的女性平等就业问题进行研究，指出我国劳动保障法律法规的出台使我国女性就业人数不断增加，促进了就业结构转向第三产业，但仍然存在诸如法律法规不完善、检查管理不严格，以及生育对女性就业带来的影响等问题[1]。尤其是在 2015 年 10 月实施全面二孩政策后，生育问题被更多女性所重视。陈友华、祝西冰二人在对全面二孩政策下女性就业歧视问题的共同研究中发现，虽然不能确定全面二孩政策会加重女性就业歧视，但一定会对女性就业产生影响，根本原因在于国家现在没有完全解决女性生育后带来的问题，也就是说对于女性就业的保障和支持政策还有待完善[2]。

而且，通过北京师范大学劳动力市场研究中心的研究团队进行的企业实地

---

[1]　钱雪. 公共政策视域下的女性平等就业问题研究 [D]. 吉林大学, 2016 (1).
[2]　陈友华, 祝西冰. 全面二孩政策下女性就业歧视问题辨析 [J]. 山东女子学院学报, 2017 (2).

调研结果也显示，在二孩政策下，女性的就业歧视程度有愈加严重的趋势。产生这一现象的原因主要是由于国家对女性尤其是产后女性的扶持和保障制度和具体措施不够完善，社会公共财政支出尚不能解决女性因二次生育所带来的问题，就业歧视现象愈加明显。

2.3

新经济促进就业结构转型升级刻不容缓

2.3.1 就业结构滞后产业结构

就业结构与产业结构之间存在着密切的联系，两者相互影响，相互作用，只有二者的结构相适应，才能促使经济良性发展，实现充分就业。

王云昊在研究产业结构调整的就业效应时以江苏省为例[①]，王莎也通过对四川省的实证研究，分析产业结构对劳动力就业结构的作用，两位学者选择的两个省份各具特点，但得到的研究结论有着异曲同工之处。首先，他们肯定了产业结构转变对就业结构转变的正向作用，产业结构合理化可以推动人力资源配置合理化、增加就业，从而促进就业结构优化。其次，通过研究结构偏离度，可以分析出第一产业多年来偏离度一直为负值，且绝对值大，这说明就业结构与产业结构不匹配，产生了剩余劳动力；第二、第三产业的结构偏离度虽然呈现着正偏离，但是近年来有下降的趋势。涂航标在2015年对于我国就业结构滞后产业结构的时间年限做出了研究[②]，他通过灰色关联分析法与时间平移分析法两种方法共同推测出了我国就业结构滞后于产业结构的时间大约是4~7年，而最有可能的是6年。也就是说，到2021年，就业结构将发展到与产业结构相适应的阶段。

在新经济的背景下，由于第一产业无法再对劳动力的就业产生强带动作

---

① 王云昊. 产业结构调整的就业效应研究 [D]. 南京财经大学，2014.
② 涂航标. 我国产业结构演进中的就业结构研究 [D]. 西北师范大学，2015 (1).

用，新经济、新动能、新业态的出现使就业结构加快了转型升级的速度，就业结构的转型升级已显得刻不容缓。

2.3.2　区域供求不平衡

前文中的数据显示了城乡之间的就业差距，以及不同地理位置或不同经济状况的各省市之间的就业差距，这种差距代表着各区域间的就业结构性矛盾突出。无论是城乡之间还是省份之间，区域间的不平衡情况一直存在，新经济的背景下就业结构的转型升级问题依然存在，这也是一个历史遗留问题。

根据刘易斯的发展经济模型，劳动力由传统部门流向现代部门，而我国的传统部门普遍分布在经济发展滞后的农村，现代部门多聚集北上广、长江三角洲和珠江三角洲一带。因此，由于城乡差距，也由于新型的城镇化建设，我国二元经济的劳动力供给也反映出农村剩余劳动力从农村流向城市的过程。在经济快速发展的阶段，这一规律可以改善农村剩余劳动力问题，并且改善就业结构。然而，近年来，由于刘易斯拐点的出现，就业结构出现了一些新的变化，企业很难找到合适的高技能劳动者，而劳动者也不愿牺牲个人的利益和权利，委曲求全地工作于自己不满意的企业中，这些问题使就业结构矛盾重重，促进就业结构的转型升级已势在必行。究其原因，我国第三代农民工已经成为新生代农民工的主体，他们的利益诉求和权利诉求愈加明显，不再满足于初级的生存需要。

此外，经济发展的红利延伸涉及相对落后的中西部地区以及农村地区有限，这些地区的劳动者大部分所能从事的行业依旧停留在第一产业和第二产业，第三产业发展缓慢，新经济所产生的新兴产业不足。前文中以互联网经济为例，证明了新的经济模式在我国各省区市之间的发展存在着不均衡，只有发展落后地区的经济，使当地的劳动者能够在本地就业于高新技术和新兴产业，才能带动新经济在该地区更好地推进，也才能从根本上解决就业结构的区域性矛盾。

2.3.3 人力资本质量偏低

目前我国仍然是人力资源的大国，正在向人力资源强国迈进。新经济背景下，我国已不再是"制造大国"，而是成为了以知识型人才和高新技术人才共同组成的"智造大国""制造强国"。技术进步、人工智能、大数据、互联网经济是这一时代的标志，也意味着高效率高质量的人工智能正在代替大批量的人力资本质量低的劳动者，致使大量低质量的劳动者失业，这种技术性失业问题被众多经济学家关注和讨论，技术的进步的确对就业产生了一定的消极影响，但就长远的形式来看，科技的进步提高了劳动生产率，国民生产总值被拉动上升，带动新经济的发展和新兴产业的壮大，而这又会反作用于就业，为劳动者创造更多的就业岗位。

我国的企业依旧存在的用工荒问题，实则不是缺乏劳动者，而是缺少高新技术人员，我国的人力资本质量仍然偏低。李长安在研究经济新常态下我国的就业形势与就业政策时提出了"用工荒"，并指出了我国的劳动力普遍存在平均素质较差、缺乏一技之长的特征①。经济发展进入新时期后，正因为我国大量的劳动者人力资本质量偏低，缺少高新技术人才，才导致用工荒现象的产生。

2.3.4 人工智能的威胁

当今人工智能发展势头迅猛，未来有望在全球多个行业和场景下得到广泛运用，尤其是我们将会看到大量的人类工作被机器取代。麦肯锡全球研究院近期的一份报告对全球800多种职业所涵盖的2000多项工作内容进行分析后发现，全球约50%的工作内容可以通过改进现有技术实现自动化。麦肯锡全球研究院的这份自动化研究报告指出，在现今所有工作内容之中，一半以上的工

---

① 李长安. 经济新常态下我国的就业形势与政策选择 [J]. 北京工商大学学报，2016 (6).

作会在 2055 年左右实现自动化，但过程存在诸多变量。如果自动化推进速度快，达到该程度可能会提前 20 年；如果推进缓慢，则可能延后 20 年。在过去数十年，中国因人口红利受益良多，劳动力的扩张大大促进了经济增长。但老龄化正使中国逐渐失去这一推动力。中国的劳动年龄人口最早将在 2024 年达到峰值，并在之后的 50 年中减少五分之一。这一人口结构变化趋势意味着在当前生产力水平的基础上，中国将缺乏足够的劳动力以维持其经济增长。拉动经济增长唯一可行的方式就是大幅推动生产力增长，而人工智能有助于缩小这一差距[①]。

人工智能所替代的人类工作多是人力资本质量低的劳动者所从事的缺乏创造力的工作。因此，我国的就业结构必须随之转型升级以应对人工智能对劳动力市场的冲击，缓解因替代大量低水平的劳动者所带来的诸多矛盾和问题。

2.4

促进我国就业结构转型升级的政策建议

2.4.1　加快城镇化进程

根据中国社科院的统计，截至 2015 年我国城市化率达到 52.28%，超过半数；而未来 20 年有望达到 68%，可见我国一直致力于推进城镇化进程，也在不断探索新的方法与道路。就北京而言，从推进京津冀一体化到确定设立雄安新区，这无疑是为推动城镇化进程做出巨大的尝试。数据表明，与长三角和珠三角相比，京津冀地区的城镇化率仍相对较低，其他偏远城市则更低，所以我国还应持续推进城镇化的进程。可以通过加大公共基础设施资金投入，鼓励中小型民营企业的开办，发展现代物流业和信息产业，关注地区旅游资源开发等方式发展第三产业，推动地区城市化水平的提升，以改善就业结构，实现就业

---

① 麦肯锡. 中国人工智能的未来之路，2017 - 4 - 8.

结构的转型升级。

2.4.2　稳步推进技术选择和技术创新与就业结构转型升级相匹配

中国正致力于推进技术创新和中国智造，以及生产性服务业的快速发展，与之前温和的技术选择和就业指向的政策有一定差异，必然会带来产业结构的剧烈变迁，需要警惕第二产业出现的结构性失业。健全和完善劳动力市场信息化管理和人力资源服务体系，降低职业搜寻与人岗匹配的交易成本，减少摩擦性失业。因此，要稳步推进技术创新，大力发展第三产业，与就业结构的转型升级相匹配，以防范劳动关系潜在风险。

2.4.3　建设大学生创业扶持动态系统

在"大众创业，万众创新"的大背景下，创业问题，尤其是大学生创业无疑是影响当今就业结构转型升级的重要因素之一。政府对于创业企业出台了许多的扶持政策，但缺少一个动态的大学生创业扶持系统，无法洞察大学生创业现状。有多少大学生已获得了创业支持？还有多少大学生有创业意愿而没有获得创业支持？获得创业支持的大学生具体获得了哪些支持，效果如何？后续需要哪些支持？已有支持哪些有效，哪些无效？需要如何改进支持措施？等等。这些都还无法获得准确的监测和反馈。潘明辉在研究大学生的创业问题时做出了 SWOT 分析①，如图 2.3 所示。

可以看出大学生创业收益与风险同在，政府应通过一系列政策手段的扶持与保障，努力解决创业中存在的问题并且尽可能为大学生规避风险。例如政府和学校可以通过开展优秀大学生创业企业案例讲座，分享创业成功者的经历，使梦想创业的同学可以汲取前车之鉴，在创业的路上少走弯路；增设创业类比赛项目，使此类比赛更具学术性与权威性，使参与的同学能够真正学到知识、

---

① 潘明辉，经济新常态下大学生创业模式研究［D］，吉林大学，2016.

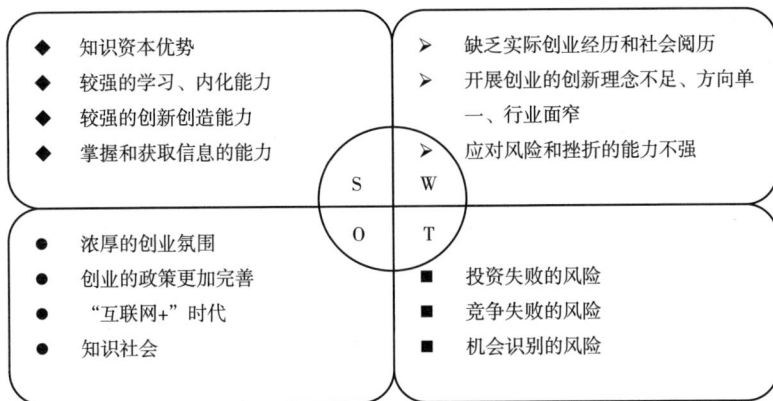

图 2.3　经济新常态下大学生创业的 SWOT 分析

增加阅历等。

我国的就业扶持政策虽然在针对大学生创业方面已经提供了很多的优惠与便利，无论是金融贷款方面、税收缴纳方面还是企业运营方面。但是，还需要建立一个动态的大学生创业预测、现状、风险以及扶持效果评估的动态系统，以确保大学生创业扶持的有效进行。

2.4.4　构建失业预测、监察和评估机制

我国目前还缺乏完善的失业预测、监察和评估机制，还不能准确监测与就业结构转型升级相一致的失业情况，其中失业率是反映失业现状的一个非常有效的指标，而现行的失业率登记的统计机制还不够完善。因此，构建和完善失业预测、监察和评估机制已经刻不容缓，建立大样本、全覆盖的失业率调查统计体系，进行实时的信息化处理，搭建快速有效的信息化管理系统平台，以准确监测失业率，进而对就业结构转型升级有更准确的监测。

2.4.5　加快加强劳动者教育培训

在新经济背景下，企业最重要的财富就是人力资本和技术进步，只有拥有

较高的知识水平和技能，才能避免失业，免受人工智能的冲击。国家应通过加大教育培训力度，提升教育培训水平，增强教育培训指导来提高我国劳动者人力资本的质量，以解决新经济带来的技术性失业问题，促进就业结构转型升级。

（1）加强大学生就业和创业能力培训。

赵恩杰通过对人力资本各变量对大学毕业生起薪影响程度进行分析，得出通常拥有更高人力资本的大学毕业生能够获得起薪更高的工作的结论。可见，对于大学毕业生的未来发展而言，人力资本起了非常重要的作用，为此，学校应开展更多科技创新的比赛、课程或活动，为大学生提供良好的教育资源，使他们能够拥有一个提升自我人力资本的平台。同时聘请专业的职业规划教师、国外著名教授或邀请优秀校友为学生提供就业能力辅导和培训，以提升大学生整体的就业和创业能力。

（2）加强新生代农民工技能培训。

我国的劳动者主要来源于新生代农民工，第三代农民工已成为其主体。他们中部分人会因为缺乏高技能而面临被人工智能替代的风险，面临失业压力，他们也是促进我国就业结构转型升级的重要力量。政府应为新生代农民工接受专业技能培训提供政策支持和保障，虽然会增加政府一定时期的公共财政支出，但能够解决农民工的失业问题。就长远发展来看，这种做法不仅能解决就业结构性矛盾，还能加速技术创新发展，提高企业劳动生产率，对就业结构的转型升级有重要的现实意义。

第 *3* 章

新经济下新就业形态引发
新型企业劳动关系

目前，O2O、O2C、B2B、P2C、O2M、众创、众包、众扶、众筹快速发展，人类社会经济活动越来越普遍地与互联网连接。"互联网＋"是指以互联网特别是移动互联网为主的新一代信息技术在经济社会各部门备领域扩散与应用、不断释放数据流动性的过程。"互联网＋"的本质是融合与创新。浙江已经形成以"互联网＋"为核心的新经济、新业态，成为拉动浙江发展的新兴力量。浙江"互联网＋金融"模式将成为中小微企业的主要融资渠道。互联网平台预示着新的生产方式以及与其相适应的新业态、新生活方式的到来和整个经济系统正在加速颠覆和再造。新就业形态引发企业劳动关系趋向非典型雇员，呈现出动态性、灵活性、非均衡性的新型企业劳动关系。

3.1
新经济模式

3.1.1 "平台经济"：新经济引领者

"平台经济"是以互联网等现代信息技术为基础，基于平台向多边主体提供差异化服务，从而整合多主体关系，创造价值，使多主体利益最大化的一种新型经济。近年来互联网平台崛起，已成为新经济的引领者。由于近年来我国政府部门给予的宽松环境，互联网平台也迅速崛起，电商、搜索、社交、游戏等领域均跃居全球领先行列。我国平台经济市场规模快速增长，主要互联网上市公司都是平台型企业。

3.1.2 "共享经济"：经济的变革者

"共享经济"从狭义来讲，是指以获得一定报酬为主要目的，基于陌生人且存在物品使用权暂时转移的一种商业模式。共享经济平台已成为推动创新经济的出发点或核心，可延伸或加速当前四大新经济发展：物联网经济、区块链经济、循环经济和数据经济（见图3.1）。

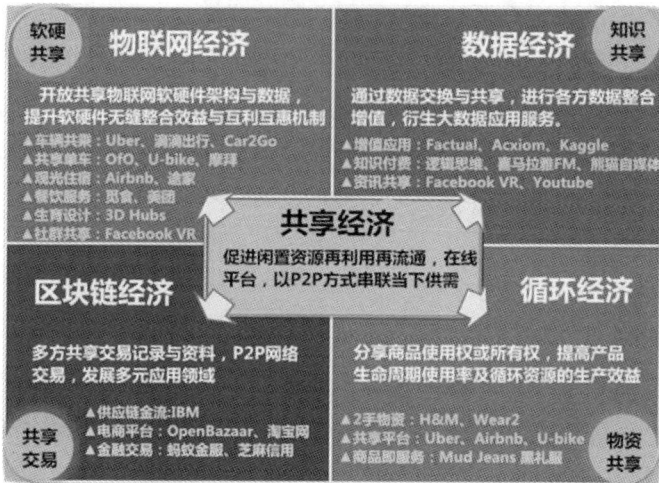

图 3.1　共享经济延伸的四大经济

资料来源：物联网之家，www.iothome.com。

人们通过 Uber、Airbnb 等互联网平台，扩展着分享的物品和服务种类，渗透到越来越多的地区。以 Uber 为例，它将线下闲置车辆资源聚合到平台上，通过 LBS 定位技术、算法，将平台上需要用车的乘客和距离最近的司机进行匹配，从而达到对线下车辆资源整合的目的。

"分享"从而成为各界瞩目的热门概念。互联网平台是这种"分享行为"

的赋能者，个人、企业、非营利组织和政府是"分享行为"的参与者，交换信息使得超量物品和服务能够流通、分享和重新使用，这就是"分享行为"的目的所在。"分享行为"的驱动因素，被认为包括技术突破及资源约束两个方面。"分享行为"带来的直接受益包括：从环境上看，资源耗费减少，可持续增强；从经济上看，租用和重复使用，降低了利用成本；从赋权上看，因为购买价格昂贵而无法使用某些物品或服务的人群，也能得到普惠分享；从参与上看，分享能力的增强，让更多民众成为主动的创业者。强大的商业基础设施能力的"共享"更具变革性。分享行为的视野仍是集中于超量的物品和服务，而"共享经济"规模更大，对人类生产、生活方式的塑造更为关键。从"分享行为到共享经济"，既是思路上的拓展，更是供给侧能力的有力释放。

信息（数据）的可获得性和流动性日益增强，逐步成为独立的生产投入，成为新经济发展的核心要素。以智能制造为先导、一二三产业逐步融合，是新经济的产业体系特征。新经济背景下的技术进步和科技革命产生了新增就业机会，如图 3.2 所示。

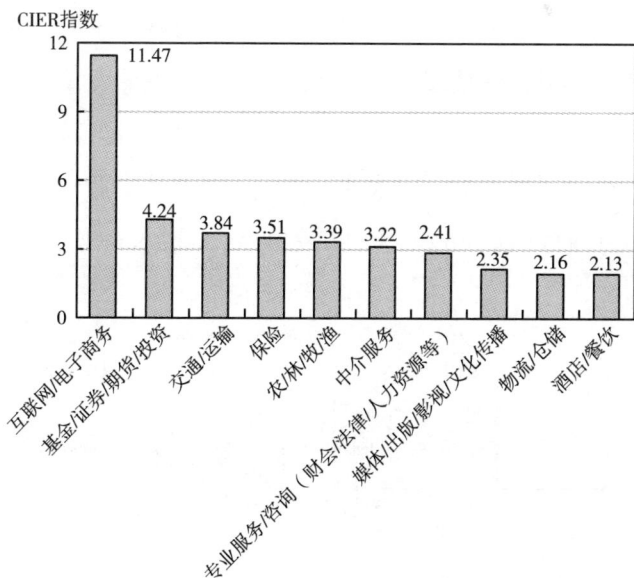

图3.2　2016 第二季度就业形势较好的行业

资料来源：《2016 上半年 CIER 中国就业市场景气指数报告》。

从 2016 年第二季度各个行业的 CIER 指数排名来看，互联网/电子商务、基金/证券/期货/投资、交通/运输、保险等行业的就业景气指数相对较高。互联网/电子商务等行业受到新经济的推动作用最大，在政策和市场的双重推动下发展非常迅速，形成良好的就业态势。

从图 3.3 的数据来看，以共享经济、VR、AR、直播平台等为代表的新型互联网经济在中国发展迅猛，成为创造就业岗位的新引擎。第三季度互联网和电子商务、计算机软件的用工需求同比增加 55% 和 49%，就业形势较好。而计算机硬件和网络游戏用工需求增幅仅为 18% 和 16%，IT 行业的用工需求增幅则仅为 3%。互联网和电子商务等企业通过灵活用工方式，能在创新变革生产线和生产方法的时候，迅速调整人才队伍的规模和结构。灵活用工方式还能让企业在确立更长期的劳动关系之前，根据员工的生产率和创造力，对其进行筛选。通过这种匹配，企业将获得更高效的长期、稳定的劳动关系。可见，新经济形态中创造了大量的就业岗位，用工方式趋于灵活、弹性，如 P2P（peer to peer）、B2C（Business to Customer）等灵活用工模式产生了新就业形态。最为典型的是打车平台的出现和发展，私人可以将其空余时间和私家车投入全社会低成本或零成本的使用。比如滴滴出行平台上的专车司机和快车司机等。"互联网＋"出租车运输服务形成的网络预约出租车新业态模式在发挥就业效应时，带来了新型的用工模式，改变了企业的雇佣模式和劳动力的全职就业模式，人们可以自由选择自己感兴趣和擅长的任务、工作时间和报酬。

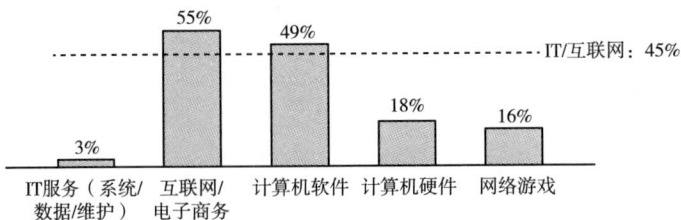

图 3.3　2016 第三季度互联网行业用工需求同比增长情况

资料来源：《2016 年第三季度 CIER 中国就业市场景气报告》。

这些新经济模式促生了"零工经济"的出现,使企业雇佣劳动者的方式发生变化,由典型雇佣向非典型雇佣转变,劳动者在平台上就可以实现就业,产生新的就业形态,但同时劳动关系问题也随之出现。

新就业形态从工资收入、工作时间以及劳动关系等方面形成我国劳动力市场灵活性的新表现,新就业形态呈现多样化、复杂化、弹性化的特点。以滴滴出行为例,公司与驾驶员之间签订的是"合作协议"而不是劳动合同,在劳动争议纠纷中常常表现为"劳动关系"与"劳务关系"的认定问题,促生了新型劳动关系,劳动关系更加复杂和多元化。

3.2

新就业形态下我国劳动力市场灵活性的表现

3.2.1　工作时间与工作地点在我国劳动力市场灵活性的新表现

以滴滴、快的等打车软件为代表的新就业形态企业,催生了大量弹性用工(flexible employment)模式,又称为"灵活性用工"。根据格赖古什(Gregush)的观点,弹性用工主要是指雇用临时工、兼职人员、短期合同工和租赁人才。在我国,弹性用工通常被认为是一种与全日制用工相对的用工方式,包括使用临时工、季节工、钟点工(小时工)、派遣工、承包工等若干种非全日制用工形式或临时性的用工方式。核心是劳动者的工作时间是灵活、不固定的,工作时间弹性化。全日制工作的劳动者可以在工作之余兼职做滴滴等打车平台的专车或快车司机。滴滴出行的驾驶员工作时间是弹性的,而非全日制的固定工作时间。

在我国典型劳动关系用工中,实行的是每日工作时间不超过 8 小时、每周不超过 40 小时的标准工时制度,并且严格限制加班;用人单位如实行不定时工时制、综合工时制的,必须先向劳动行政部门申请批准;缩短工时制只适用于特定的作业、岗位和特定的劳动者。用人单位一般是在劳动合同或规章制度中约定或规定劳动者的工时制度及上下班的具体时间。此外,在传统用工中,劳动者的工作场所一般也是固定的,劳动者一般被要求在固定的办公室、厂房、车间等场所提供劳动。而且,根据《中华人民共和国劳动合同法》(以下简称《劳动合同法》)第17条的规定,工作地点的约定也是劳动合同的必备事项。

而以滴滴出行为代表的网络平台司机何时上班、下班完全由自己决定,网络约车软件运营商对他们一般没有工作时间的要求,工作时间完全自由化、弹性化,工资也不是根据工作时间来确定,而是根据接单情况和服务质量的绩效考核情况来结算。而且,司机们的工作地点也是分散、不固定的,与我国传统、典型的劳动关系的认定完全不同。

3.2.2 企业劳动关系在我国劳动力市场灵活性的新表现

据《2015年度人力资源和社会保障事业发展统计公报》显示,2015年,各地劳动人事争议调解组织和仲裁机构共处理争议172.1万件,同比上升10.4%。基层法院审理案件数量2016年激增至170133件,比2015年增加案件数50713件,比2014年增加案件数42837件,年均增加案件数50000件左右,数据表明,我国劳动关系渐趋紧张(见图3.4和图3.5)。

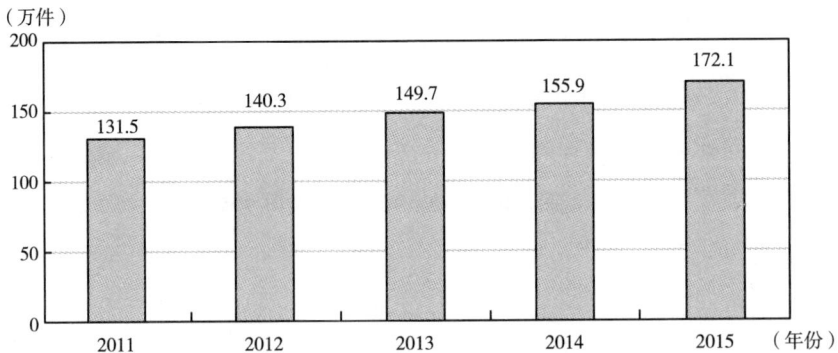

图3.4 我国近五年受理劳动人事争议案件

资料来源:2011~2015年各年度的人力资源和社会保障事业发展统计公报。

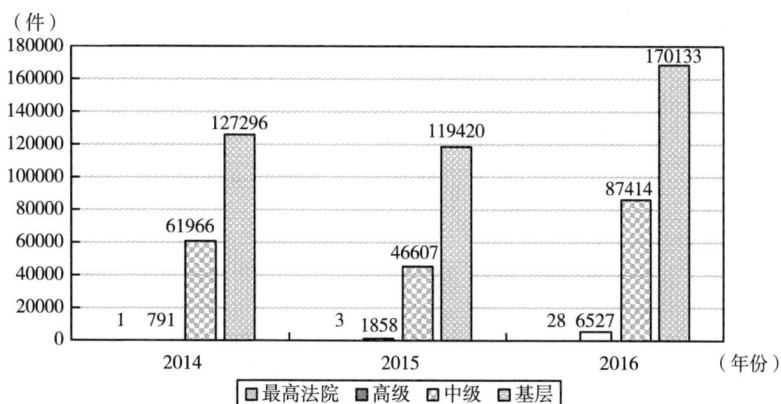

图 3.5　各级法院受理案件数量

资料来源：《全国劳动争议纠纷大数据报告（2014—2016）》。

在劳动争议案件中，拖欠或克扣工资纠纷所占比例最高，其次是工资标准纠纷。具体数据如图 3.6 所示。

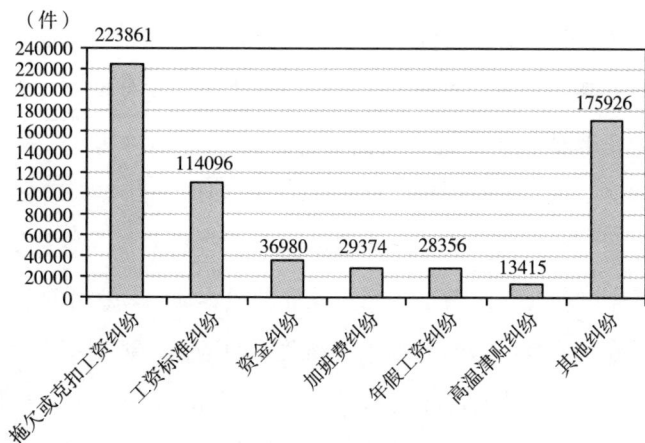

图 3.6　劳动争议案件分类案件数

资料来源：《全国劳动争议纠纷大数据报告（2014—2016）》。

随着"互联网＋"对传统交通运输服务的渗透，滴滴出行等交通运输的新业态企业推出网络预约出租车服务，产生了以下效应：一方面创新了传统交通运输服务的内容，推出专车服务、快车服务、顺风车服务等，适应并引领了市场需求，创造出更大的企业价值；另一方面，搭建了互联网平台，以更低的成本和更高的效率将个体劳动者直接与市场需求连接，拓展了"非典型雇佣"的内容，重塑了劳动关系。非典型雇佣是具有非正式、临时性或非全日制特征的不稳定雇佣形式的总称。它一般包括非全日制用工（part-time work）、临时工（temporary work）、合同工（contract work）和其他的非永久性雇佣（non-permanent）。互联网专车服务公司就是典型的以 P2P 模式进行运作的共享经济型企业，而专车服务公司和专车司机之间构成的用工模式被称为 P2P 用工模式，又称"点对点用工"，具体是指共享经济型企业通过互联网平台与加入平台的私有资源分享者之间建立起的用工关系。这种用工模式就是"非典型雇佣"或"灵活用工"。

如滴滴出行的司机不一定只隶属于一家专车软件运营商，他们可以根据意愿和现实条件与多家软件平台同时建立用工关系，与多家劳务派遣公司签订劳动合同，从而建立非全日制劳动关系、兼职劳动关系等非典型劳动关系情形。在同一个时间内，司机能与多家劳务派遣公司存在劳动关系，要同时面对多个雇主，接受多个雇主的指令和监督。以不同的身份在不同的用人单位从事劳动，他们将自己的劳动力在不同的时间段内进行分配使用，从而与多家用人单位发生了用工关系，形成了劳动关系的形式与内容的交替结合，在交替结合中形成双（多）重劳动关系。而在我国《劳动法》中明确规定，对劳动者参与劳动关系实行"一人一职"原则，即在同一时间内，同一个劳动者只能与一个用人单位的生产资料相结合，从而只参与一个劳动关系。故对全日制劳动者而言，一般不允许存在双重劳动关系；除非获得本职劳动关系的用人单位的同意，并且兼职劳动关系不得影响本职劳动关系的运行，否则用人单位有权随时解除劳动关系。根据《劳动合同法》第三十九条的规定，用人单位可以行使即时解除权的情形中，就包括劳动者兼职的情况。

足见，新经济形态中出现的新就业形态、新商业模式，以及新的企业用工模式，使得生产关系与劳动关系需要重新被定义。企业要绩效，劳动者要报酬，报酬和绩效的对等承诺和对等实现是劳动关系建立的前提。"非典型雇佣"和"灵活用工"是新型企业劳动关系中的新要素，弹性的工作时间和非固定的工作地点，以及工资收入核算等都需要重新界定，纳入新型企业劳动关系的考量范畴。企业劳动关系的动态性、灵活性、非均衡性特征明显。

第4章

农民工工资支付保障制度问题与对策

农民工工资支付保障制度，是指政府为解决农民工这一弱势群体的工资拖欠问题制定的一系列政策规定的总称。本章以工资支付保障制度的工资保证金、农民工工资预储账户、农民工工资欠薪应急周转金和欠薪保障基金制度为重点，分析了我国工资支付保障制度的实施现状、实施效果、存在的问题，提出了进一步完善工资支付保障制度的政策建议。农民工的工资支付保障制度是构建和谐企业劳动关系的关键。

4.1

工资支付保障制度的历史变革

农民工的生存和发展问题，既是构建和谐社会的重要内容，也是观察我国建设和谐社会进程的重要指标。从历史发展看，农民工进城务工经历了从限制流动到逐渐鼓励支持的变化。中华人民共和国成立后，我国政府开始限制农民进城就业，1957 年 12 月颁布的《国务院关于各单位从农村中招用临时工的暂行规定》（国务院全体会议第六十五次会议）明确规定各单位需要的临时工应该在当地城市中雇用，首先从本单位多余人员中调剂解决或从地方其他单位的多余人员中调剂解决，尽量避免从农村中招用。1984 年，国家实施"离土不离乡"的农村就业政策，当年的中央一号文件《关于一九八四年农村工作的通知》从政策层面上对农村劳动力进入城镇就业放松了控制，农村家庭联产承包责任制使农民从土地上得到解放，亿万农民工开始大量涌入城市。

随着改革开放的深入，大量农民工进城就业并分布在我国国民经济的各个行业。国家统计局2012年发布的全国农民工监测调查报告称，2012年全国农民工总量已达到26261万人，外出农民工人均月收入水平为2290元。2012年末，外出受雇农民工中被雇主或单位拖欠工资的占0.5%，其中建筑业农民工被拖欠工资占1.5%。人社部的统计数据显示，2012年，全国各级劳动保障监察机构共办理拖欠工资案件21.8万件；随着大量农村富余劳动力涌入城市，其劳动关系、工资支付问题成为社会各界关注的焦点。

国家一直以来高度重视农民工的问题，为保障农民工权利，制定了一系列改善农民工就业环境和保障其劳动权益的政策措施。

国务院办公厅于2003年1月5日发布实施的《关于做好农民进城务工就业管理和服务工作的通知》，明确指出要切实解决拖欠和克扣农民工工资问题，用人单位必须依法与农民工签订劳动合同，以法定货币支付农民工工资，不得以任何名目拖欠和克扣。各级建设、劳动保障等部门要重点做好建筑施工企业拖欠和克扣农民工工资违法行为的查处工作。

2006年，为解决日益突显的农民工工资拖欠问题，保障农民工合法权益，国务院发布了《国务院关于解决农民工问题的若干意见》（下称《意见》）。这是较为全面系统地解决农民工问题的指导性文件，对农民工工作做出了重要部署，包括解决农民工工资偏低和拖欠问题、农民工就业服务和培训、建立维护农民工权益的保障机制、加强和改进对农民工的领导等10个方面的问题，《意见》的出台标志着我国农民工进城就业保障制度的全面改革与创新。

2010年，国务院办公厅发布《关于切实解决企业拖欠农民工工资问题的紧急通知》，要求明确地方各级政府和有关部门的责任，切实维护农民工合法权益，大力解决建设领域拖欠工程款问题，并加快完善预防和解决拖欠农民工工资工作的长效机制。

除了中央层面的政策外，各地方也根据国家政策精神和要求，制定了一系列的政策，如吉林省的《关于切实解决建筑业企业拖欠农民工工资问题实施意见的通知》、上海市的《关于印发〈上海市建设领域农民工工资支付暂行办法〉的通知》、四川省的《四川省人民政府办公厅关于切实解决拖欠农民工工资问题的通知》。

课题组通过各级政府及相关单位官方网站搜集了近年来中央、国务院、各部委、各省（区、市）出台的相关政策，总计82项。这些政策大致可以分为国务院及部委和省区市两大类，其中国务院部委相关政策6项，省区市的相关政策76项。一个以中央政策为支柱、以地方政策为依托的政策体系初步形成。

党的十八届三中全会《中共中央关于全面深化改革若干重大问题的决定》指出，要形成合理有序的收入分配格局，着重保护劳动所得，提高劳动报酬在初次分配中的比重。健全工资决定和正常增长机制，完善最低工资和工资支付保障制度，农民工工资制度建设开始进入一个新的历史时期。

4.2

农民工工资支付保障制度建设基本情况

4.2.1 政策构成

根据我们搜集到的资料，目前已经出台的与农民工工资支付相关的政策有82项，在这些政策中，以地方政策为主，中央和国务院各部委的政策数量相对少一些，总共有6项，占到所有政策的7.3%，主要由原劳动社会保障部、原建设部等部门制定发布（见表4.1）。

表4.1 农民工工资支付保障政策的数量和构成 单位：项

颁布单位	数量	颁布单位	数量	颁布单位	数量
国务院	4	浙江省	3	云南省	3
部委	2	安徽省	3	陕西省	3
北京市	5	福建省	3	甘肃省	3
天津市	3	江西省	1	青海省	3
上海市	2	山东省	3	广西壮族自治区	3
重庆市	3	河南省	1	宁夏回族自治区	1

续表

颁布单位	数量	颁布单位	数量	颁布单位	数量
河北省	2	湖北省	1	新疆维吾尔自治区	3
山西省	4	湖南省	3	西藏自治区	1
辽宁省	3	广东省	1	内蒙古自治区	2
吉林省	2	海南省	3		
黑龙江省	1	四川省	3		
江苏省	2	贵州省	2		

在地区政策方面，从地区分布上看，东部最多，有33项；西部较多，为30项；中部地区最少，为13项（见表4.2）。

表4.2 　　　　　东中西地区农民工工资支付保障相关政策的数量　　　单位：项

经济地区	数量	经济地区	数量	经济地区	数量	合计
东部地区	33	中部地区	13	西部地区	30	76

从行业分类来看，国务院部委的政策大多没有规定具体的行业，有1项政策具体到建筑业企业农民工工资的规定；在地区政策中，大部分是针对建筑业企业农民工工资支付保障制度的政策。针对建筑业企业农民工工资支付保障制度的政策有52项，占政策总数的63.4%，针对非建筑业企业的农民工工资支付的政策有2项，占政策总数的2.4%，剩余的28项没有具体到行业，比例是34.1%（见表4.3）。

表4.3 　　　　　　农民工工资支付保障制度行业分布情况　　　　单位：个

行业	数量	行业	数量	行业	数量	合计
建筑业	52	非建筑业	2	没有具体规定行业	28	82

4.2.2 政策出台时间情况

从政策颁布的时间来看，涵盖了2003年1月～2013年4月这10年，在这期间，2003～2004年和2006～2007年颁布的相关政策数量最多，分别为22项和 23 项（见表 4.4）。这与《国务院办公厅关于做好农民进城务工就业管理和业务工作的通知》（国办发〔2003〕1 号）和《关于解决农民工问题的若干意见》（国发〔2006〕5 号）有关，在这两个文件颁布后，全国各省、区、市根据两个文件的精神，陆续出台了旨在保障农民工权利，健全农民工工资支付保障制度，确保农民工可以按劳获取报酬的权利的政策。

表 4.4　　　　不同年份颁布的农民工工资支付保障制度相关政策的数量　　单位：项

颁布年份	数量	颁布年份	数量	颁布年份	数量
2013	4	2009	5	2005	8
2012	6	2008	6	2004	13
2011	3	2007	11	2003	11
2010	4	2006	11		

4.2.3　农民工工资支付保障政策的方式

有 82 项政策对农民工工资支付保障制度进行了具体的说明和规定，从国务院和部委的政策来看，仅有 2 项政策对建立保证金制度和应急欠薪周转金制度进行了明确的规定。在地区政策中，关于农民工工资的规定较多，其中建立和完善农民工工资保证金制度的政策最多，为 53 项，占到了地区政策的 69.7%；有关工资预储户制度和应急欠薪周转金制度的意见办法较少，两者均为 16 项，均占到了地区政策的 21%。

所有地区政策中，对保证金制度、农民工工资预储户账户制度和应急欠薪周转金制度，其中两种有具体规定的政策有 11 项，三种制度都有规定的政策仅有 2 项。

4.3

关于工资保证金制度的相关规定

有 53 项政策对"工资保证金制度"做了详细的规定，在这些政策中，有

1 项出自部委，36 项出自省级政府，16 项出自地级市。在地区分布上，东部地区有 20 项，中部地区 9 项，西部地区 24 项。

4.3.1 工资支付主体

对于工资保证金支付主体主要包括：企业、发生过拖欠农民工工资的企业。

53 项政策中，有 47 项规定保证金缴纳主体为所有建筑业企业，占政策总数的 88.7%。例如，《云南省农民工工资支付保障规定》（云南省人民政府令〔2011〕166 号）规定建设领域用人单位在建设单位办理施工许可前，应当按照施工合同约定的工程款预算的 3% 向建设工程所在地农民工工资保证金账户存入工资保证金。专项用于可能的拖欠、克扣工资问题，且保证金的缴纳成为获得建设工程施工许可证的条件之一。

有 6 项政策规定仅发生过拖欠工资的企业才强制缴纳保证金，如《西安市农民工工资保障办法》规定发生过拖欠、克扣农民工工资行为的用人单位以及建筑施工企业，实行农民工工资支付保证金制度。另外，有 2 项规定要求外来企业和不满五年的外地建筑企业需要按规定足额缴纳农民工工资保证金。

4.3.2 农民工工资保证金缴纳办法

关于农民工工资保证金缴纳比例的规定，从已有的政策看，可以分为以工程预算款为基数规定比例、以全年工资为基数规定比例以及分层级缴纳固定金额三种类型。

有 30 项规定是以工程预算款为基数，按一定的比例提取保证金。一般的提取比例为工程预算款的 1%～3% 之间；最低为湖北省的《关于在建筑业企业建立工资支付保障制度的通知》规定，按照年度工程预算款的 0.5%～0.8% 来确定。有些省份会根据建筑企业以往的诚信程度分层次制定保证金的支付比例，如《西宁市建设领域农民工工资支付保证金制度实施意见》规定：

承建项目的建筑施工企业在上一年度中没有拖欠农民工工资的，按1%缴纳；承建项目的建筑施工企业在上一年度中有拖欠农民工工资问题的，按2%缴纳；承建项目的建筑施工企业连续三年没有发生过拖欠农民工工资问题的，可免缴农民工工资支付保证金。

有6项政策是以全年工资为基数，以25%～30%的比例提取保证金，其中有3项规定可以选择以全年工资为基数或以工程预算款为基数按一定比例提取。如《关于印发〈安徽省建设领域农民工工资支付保障暂行办法〉的通知》规定，建筑业企业办理支付保障手续可以采取三种形式：第一种，由银行业金融机构出具农民工工资支付保函；第二种，由符合条件的担保机构出具担保文件，也可由有能力承担担保责任的项目业主或社会其他法人出具担保文件；第三种，按劳动保障行政部门指定的专户存入农民工工资支付保障金。建筑业企业可采取按年度或按单项工程项目办理支付保障手续。采取按年度办理的，其保函或担保金额不得少于上年度应付农民工工资金额的30%，信誉好的可申请减少，但最低不得少于上年度应付农民工工资总额的5%；采取按单项工程项目办理的，应当在办理建设工程中标通知书备案（开工报告批准）后15天内向工程所在地劳动保障行政部门办理支付保障手续，采取第一种、第二种形式的，保函或担保金额不得少于应付农民工工资金额的30%；采取第三种形式的，存入金额不得少于工程造价（直接费）的2%。

有6项规定是按一定标准分等级缴纳保证金。如《关于印发〈北京市建筑业农民工工资支付暂行管理办法〉的通知》规定，建筑施工企业应当在银行建立工资保证金专用账户，专项用于发生欠薪时支付农民工工资的应急保障。施工总承包企业的工资保证金不少于100万元，专业承包企业和劳务分包企业不少于50万元。账户内资金启用应当经建设行政主管部门和劳动保障行政部门批准，并在30日内予以补足。

4.3.3　农民工工资保证金使用方法

关于农民工工资保证金使用要求，有53项政策均规定保证金实行专户存储、专项支取，任何单位和个人不得挪用，只能用于偿付拖欠职工的工资，执行和监管单位主要是劳动保障部门。我国劳动和社会保障部于 2004 年颁布的《建设领域农民工工资支付管理暂行办法》规定，企业应按有关规定缴纳工资保障金，存入当地政府指定的专户，用于垫付拖欠的农民工工资。该办法还规定建筑施工企业或工程分包企业或其他情形造成农民工工资拖欠的，均可启动支付保证金。

对于保证金不足支付欠薪款的情况，农民工有权利继续追索，有的政策规定可由劳动保障行政部门责成建设单位从应付该企业工程款中垫付，如，《湖北省关于在建筑业企业建立工资支付保障制度的通知》及《关于印发淮南市建设领域农民工工资支付保障暂行办法的通知》。

4.4

关于制定完善农民工工资预储账户的规定

有 15 项政策对"农民工工资预储户制度"做了详细的规定，在这些政策中，13 项出自省级政府，2 项出自地级市。在地区分布上，东部地区有 9 项，中部地区 4 项，西部地区 2 项。

（1）农民工工资预储户支付主体。

有 11 项政策对农民工工资预储户支付主体进行了明确的规定，主要包括总承包企业和专业承包企业。其中有 7 项规定建筑单位在开户银行设立工资基金专户拨付人工费，占地区总政策的 9%；有 4 项政策规定施工总承包企业、专业承包企业应当在工程项目所在地银行建立劳务费专用账户，专项用于支付劳务分包企业劳务费。

（2）农民工工资预储户支付比例。

10 项政策对农民工工资预储户制度支付比例做了规定。其中 7 项对支付比例做了具体的规定，提取比例为总工程款的 15% ~ 50% 之间。天津对农民工工资预储户制度有详细且全面的规定。《天津市建筑业农民工工资支付管理办法（试行）》规定，施工企业必须将建设单位按合同约定支付的工程款中不少于 10% 的款项,作为农民工工资存入专用预储账户,实行农民工工资个人账户管理;《天津市建设管理委员会关于在本市建设项目建立农民工工资预储账户制度的通知》规定,农民工工资预储账户由施工总承包企业负责设立,专门用于支付从事该建设项目劳务作业的农民工工资。建设单位应从工程总价款中单独列支农民工劳务费,分阶段划入农民工工资预储账户,其中:建筑工程按工程总价款的 15% 比例列支,市政基础设施按工程总价款的 8% 比例列支。其中,山西是以农民工月工资为基数来规定预储户数额的,《关于加强建筑业农民工劳动合同和工资支付管理的通知》规定开设工资专用账户,该账户只能用于支付农民工工资,账户保有资金(建设单位和建筑业企业各承担 50%,建设单位资金在结算工程款时抵扣)在使用农民工期间一般不得小于本企业使用农民工月工资总额的 3 倍,随发随续。

其中 3 项对支付比例没有明确说明。如《湖北省关于在建筑业企业建立工资支付保障制度的通知》规定,建筑企业在开户银行设立工资基金专户,建设单位按工程合同价和进度按时拨付人工费;《关于印发〈江苏省建筑劳务工程款和建筑业企业工资支付管理办法〉的通知》规定,预存资金数额由各地按当地实际情况确定。

4.5

关于制定完善欠薪应急制度的规定

有 16 项政策对"农民工工资欠薪应急制度"做了详细的规定,在这些政策中,1 项出自部委,9 项出自省(区、市),6 项出自地级市。在地区分布上,东部地区有 9 项,中部地区 3 项,西部地区 3 项。如《云南省农民工工资保障规定》规定,各州和县人民政府应当根据实际情况建立本行政区域内的应急周转金,在发生用人单位确无能力支付、逃避支付农民工工资等情况可能引发群体性事件时,及时动用应急周转金,先行垫付用人单位拖欠的农民工工资。

(1)农民工工资欠薪应急周转金支付主体。

4 项政策对农民工工资欠薪应急周转金支付主体进行了规定。其中 2 项政策规定欠薪应急周转金来源应包括：企业缴纳的欠薪保障费及其利息收入，垫付欠薪款项追偿所得，财政补贴以及其他收入（分别为《上海市企业欠薪保障金筹集和垫付的若干规定》和《深圳经济特区欠薪保障条例》）。另外2项政策规定欠薪周转金由财政部门负责筹措，如《成都市建设领域防范拖欠农民工工资管理办法》规定，建立欠薪应急垫付专项资金，由市和区（市）县两级财政部门筹措并设立专账，实行专账核算、专款专用。

（2）农民工工资欠薪应急周转金额度规定情况。

6项政策对应急周转金的额度进行了详细的规定。其中4项政策以行政区划分等级，规定缴纳不同数额的欠薪应急周转金，如《宁夏回族自治区农民工工资保障办法》规定，市、县（市、区）人民政府按照下列规定设立农民工工资应急周转金：一类地区不低于150万元；二类地区不低于100万元；三类地区不低于50万元。有2项仅对企业每年缴纳金额进行了规定。《上海市企业欠薪保障金筹集和垫付的若干规定》规定，企业、企业分支机构每年缴纳一次欠薪保障费，缴费的具体数额，为本市公布的月最低工资标准的数额；《深圳经济特区欠薪保障条例》规定，用人单位应当在每年第一季度缴纳400元欠薪保障费，新成立的用人单位于成立次年开始缴纳。

4.6

工资支付保障制度的实施情况

4.6.1 工资支付保障制度的实施效果

建筑业的农民工工资支付保障制度实施以来，在解决农民工欠薪问题上产生了积极效果，具体如下：

（1）解决欠薪问题的劳动维权联动机制初步形成。

由于建筑行业的农民工流动性大，经常跨省、跨地区劳动作业，发生的欠薪问题往往涉及多个地区，因此，需要各部门、各地区通力合作才能解决。通过实行农民工工资支付保障制度，促使部分地区逐步形成地区间合作、部门间合作的劳动维权联动机制，即各地区统一行动、各部门明确职责。2006 年，国务院建立农民工工作联席会议的机制，由 31 个国务院部门和单位组成。各地区建立了由住建委、劳动人事、信访、公安和财政部门联合行动，快速解决农民工欠薪问题的工作机制；建立了建设领域联席会议制度，定期召开由以上各部门组成的联席会议，互通农民工工资发放执行情况，并针对具体问题开展联合行动。比如，四川省总工会创新启动省（城）际联动维权机制，最大限度维护了省外的川籍农民工权益。上海劳动保障监察部门与公安局 110 应急指挥中心建立了应急联动机制，实行"365 天监察无休"，在农民工集中的上海郊区，区法院、总工会、人力资源和社会保障局以及司法局共同建立了农民工欠薪问题"发现—处理—兑现"的一站式机制。呼和浩特市政府建立清欠工作联席会议制度，由信访局牵头，定期组织人社、规划、建设、房产、公安、法院、银行等部门会商突出拖欠问题，明确职责，密切配合解决拖欠问题。对有拖欠行为且拒不按照劳动保障监察部门指令限期支付拖欠工资的开发单位和建设单位，规划部门不予办理项目规划审批，建设部门不予办理开工和竣工验收手续，房产部门不予办理售房许可。对发生拖欠后转移财产、逃避责任的，由法院采取财产保全措施；对恶意拖欠涉嫌犯罪的，及时移交公安、司法机关依法处理。劳动保障监察部门对违规单位建立不良行为档案，并定期向社会公布；人民银行建立信用档案，对涉及拖欠农民工工资的开发商，建筑单位银行不予信贷支持。

（2）有效减少了欠薪事件，清欠了农民工工资，维护了农民工合法权益。

工资支付保障制度的主要目的之一就是遏制或者减少欠薪事件。自农民工工资支付保障制度实施以来，农民工的欠薪情况，特别是恶意欠薪情况得到了较大改善。深圳实施工资支付制度以后，2009 年、2010 年查处欠薪案件与上年同比分别下降 32.1%、38.7%。其中 2009 年查处案件 1278 宗，2010 年查处案件 784 宗。自江西省实行农民工工资支付保障制度以来，尤其是在江西省综治办、省交通运输厅于 2012 年 10 月联合出台了《关于创新交通建设工程民工工资管理的实施意见》以来，在交通系统建设项目务工的 5 万名民工，均及时足额领取了工资，实现了民工工资"零拖欠"，民工"零投诉、零上访"，取得了民工兄弟满意、项目建设单位和施工单位满意、监管单位满意的良好效果。

（3）促进了用工企业和农民工的劳资和谐。

实施农民工工资支付保障制度，是从根本上解决建筑行业拖欠农民工工资问题的有效途径之一，直接关系到建筑行业农民工的切身利益，关系到建筑行业的健康发展，也关系到社会的安定、和谐。部分地区产生了积极的效果，恶性欠薪事件大幅减少，促进了建筑企业和农民工的劳资和谐，缓解了劳动关系的矛盾，使劳动关系渐趋稳定。课题组调研发现，北京大型国有集团的总承包企业，以及资质好的劳务分包企业几乎没有发生过因拖欠农民工工资而造成的突发事件，农民工工资支付保障制度实施效果显著。广州开发区从 2005 年底开始实施建筑施工企业工资支付保障金制度，也取得了良好的效果，因拖欠农民工工资而造成的突发事件大幅度下降。山东地区的大型建筑总承包企业都实行了工资支付保证金制度，专款专用，专门用来支付农民工的工资。因为顾忌上访事件会影响公司的资质评审，所以大型的建筑企业一般都不会恶意拖欠工资。

4.6.2 工资支付保障制度实施过程中存在的问题

农民工工资支付保障制度实施以来，虽然产生了一些积极效果，但是也存在着不少问题和障碍。具体如下：

（1）各地区规定保障制度的支付主体不统一，有待进一步明确。

工资支付保障制度包含的三项制度——保证金制度、预储户制度以及欠薪应急周转金制度三者的缴纳主体各不相同，主体包含的范围应逐步扩大。但是现在各地相关制度没有统一的规定，导致支付主体责任不明，各主体存在侥幸心理。

依据课题组的统计数据，各地区农民工工资支付保障制度的相关政策共有53 项。各地区规定的保证金支付主体涉及范围大小不同，有所有建筑企业

（39 项）、有针对拖欠工资的企业（6 项）和外来企业以及不满五年的外地建筑企业（2 项）；农民工工资预储户支付主体也没有统一标准，有建筑单位（7 项）和总承包单位与专业承包单位（4 项）；农民工工资欠薪应急周转金支付主体有政府，还有建筑单位。可见，各地区支付保障制度的责任主体不够明晰，有待进一步的统一和完善。

按照现行法律，农民工是与劳务公司签订的合同，发生工资拖欠时应该是劳务公司的责任，但追根溯源，拖欠农民工工资问题多是由于建筑企业拖欠工程款或工程款结算纠纷造成的，劳务公司在工程款被拖欠时必然会拖欠农民工工资，责任主体很难界定。因此，一定要明确保证金制度、预储户制度以及欠薪应急周转金制度三者的缴纳主体，明确不同主体的责任，为农民工工资支付提供不同层次的保障。

（2）农民工工资支付保障监控制度有待进一步完善，联动机制有待进一步强化。

目前的支付保障监控制度大部分是由当地劳动保障监察机构实施重点监控，监察部门除需加强日常巡视检查，定期组织自查、抽查，对存在问题的用人单位提出预警外，还要责令其定期报送工资支付书面材料。只是大部分地区并未实现检查常规化、常态化，甚至流于表面形式，难以取得显著效果。而且有些劳动监察部门作为保护劳动者权益的执法部门，却面临缺编制、缺人员、缺硬件等问题，权限有限，制约了其执法力度。

少部分地区强调各级劳动保障部门以及银行业监管部门配合实行监控，值得借鉴。比如，湖南省出台的《湖南省工资支付监督管理办法》规定，各部门之间要协调配合：建设部门及其他有关专业工程主管部门要严格执行建筑业企业资质管理规定，加强对专业分包和劳务分包的监管，制止和打击违法分包行为；严格执行房地产开发项目业主工程款支付担保制度，加强对市场的风险管理。政府部门要严格房地产开发资质的审批，不准自有资金不足的房地产开发企业进入市场，工商、房地产部门要依法查处房地产开发企业抽逃项目资本金的行为。国土、规划等部门要把好工程建设项目用地手续和规划审批关。劳动保障部门要加强对建筑业企业执行劳动用工和工资支付等法律法规的检查，建立企业劳动用工信用档案，加大劳动保障监察执法力度，对严重违反劳动保障法律法规、拖欠克扣农民工工资的建筑业企业要会同建设、工商等部门依法依规予以查处。商业银行要加强对建设工程和房地产开发项目的贷款管理。建设部门要会同银行研究推广银行贷款直接给付建筑业企业工程款的模式。建设和劳动保障部门要建立健全拖欠工程款和拖欠工资举报制度和解决拖欠的工作机制，做到专人负责、处理及时、客观公正。

支付保障制度的监控主体无论是监察部门还是社会保障部门都很难凭借一己之力有效地解决农民工欠薪问题，进一步完善联动机制，实现各地区、各部门联动监控，才是解决问题的有效途径。如北京市 2013 年 11 月就明确提出要各部门充分联动，进一步健全工资支付监控和工资保证金制度，确保广大农民工按时足额得到劳动报酬。

（3）部分企业认识不够，存在侥幸心理，导致发生各种不规范行为。

据课题组对北京、广东、山东的调研发现，部分企业，尤其是小型的建筑企业存在侥幸心理，未自觉按照国家或地区的农民工工资支付保障制度有关政策规定和法律条例，积极解决农民工工资的标准与发放问题，没有认真实行农民工工资支付保障制度，如未按规定数额和比例足额支付保证金和设立预储账户，未按照规定日期足额缴纳保证金和设立预储户账户，未实行工资款和工程款分开，以及专款不专用等不规范行为。而且，目前建筑市场不规范，房地产开发项目多为施工企业垫资建设，开发商按工程进度给总承包方付款，总承包方再按工程进度给劳务公司付款，劳务公司再把钱给包工头，包工头支付农民工的工资。建设工程存在转包、违法分包、挂靠施工等现象，建设项目层层转包、分包，各个建设主体均不愿为农民工工资垫付保证金或设立预储户，在监管不严的情况下，欲逃脱责任。

究其原因，除了企业自身缺少社会责任感外，更重要的原因是企业并未认识到支付保证金和设立预储账户的必要性，企业缺乏守法诚信意识和观念，存在较强的侥幸心理。

（4）与工资支付保障制度相配套的信用制度有待进一步完善。

课题组调研及相关研究表明，农民工工资保障制度主要由各级劳动监察部门或各级劳动保障部门对本辖区的企业工资支付情况进行监督检查，定期组织自查、抽查，并视情况对检查结果进行公布和对有关企业提出预警，但较少与企业的信用等级挂钩，根据检察结果对企业的信用等级进行相应调整。各地建设主管部门与招标投标、资质监管、市场稽查等的纵向联系以及相关管理部门和机构（如工商行政管理部门、银行）等的横向联系都不畅通，很难建立完善的信用奖惩制度。

完善的企业信用制度包含企业信用管理体系、资信评估体系和社会信用体系等内容，短时期内很难实现。我国统一的企业信用制度体系有待进一步完善，大部分地区农民工工资支付保障制度与信用制度仍然没有实现配套管理，甚至缺乏必要的奖惩机制，所以这在一定程度上助长了企业的恶意欠薪行为，企业因客观原因不能按时足额支付农民工工资的，也较少向农民工说明拖欠的原因，并向劳动保障部门和劳动监察部门报告。

4.7

进一步完善工资支付保障制度的建议

4.7.1　建立健全农民工工资支付保障制度长效机制

以工资准备金制度、保障金制度以及欠薪应急周转资金制度为重点，着手建立健全农民工工资支付保障制度长效机制。以工资支付保障金和预储户为核心，建立农民工工资专户制度，实行工资款和工程款分项列支，工资账户专款专用于委托银行发放工资；明确建设单位、总承包企业和劳务分包企业缴纳保证（障）金的责任；调动金融机构代发工资的积极性。以欠薪应急周转金制度为保障，设立欠薪应急周转资金专用账户，实行专款专用，用于突发事件的应急处理，事后向企业追加垫付欠薪款项相应比例的追偿金。

4.7.2　进一步完善工资支付保障制度相关法律和政策体系

持续推动完善农民工工资支付保障相关法律政策体系，促进建立和谐稳定的劳动关系。建议修订《合同法》及其他相关法律法规，增加不履行合同的法律责任。继续修订《建筑法》，增加规范和监督建筑企业行为的条款，加大对拖欠工程款的处罚力度。加快制定相应配套的部门规章，包括《关于推行房地产开发项目业主工程款支付担保制度的规定》《建设工程结算管理办法》《工程质量保证金管理办法》和《建筑业企业支付劳动者工资管理办法》等。

进一步完善防止产生拖欠工程款的各项制度和规定。住建部、国家发改委、财政部等有关部门积极推行建设企业工程款支付担保制度，由银行、担保公司等金融机构根据企业支付的保证金、预储户账户资金以及企业信用等级和企业资质等情况为企业提供担保，加强付款监管，确保建设企业工程款按规定程序及时、足额支付到中标的总承包企业，再到劳务分包企业。制定和实行实名管理、连带责任、支付信用、部门联动、行政问责五项保障制度，同时强调违反农民工工资支付保障制度相关规定的法律责任（借鉴《云南省农民工工资支付保障规定》）。建立劳动关系矛盾预警排查机制，对用人单位支付劳动报酬情况定期开展监督检查。完善建立由人力资源和社会保障部门牵头，纪检监察、财政、住房和城乡建设、国土资源、交通运输、公安、检察院、法院、工商、工会等有关单位组成的联席会议制度，每半年召开一次专题会议，强化构建跨区域、跨部门解决问题的联动机制。

结合各地区实际，推动各地区因地制宜制定地方法律和政策补充条款。如江西建立了民工工资管理的八项新机制：承包合同确认、民工信息注册、民工工资预存、民工工资核算、民工工资支付、民工工资监管、违规责任究查、信用记录档案。

4.7.3　优化农民工工资支付保障制度的具体环节

扩大建立工资支付保障制度的企业主体范围，参与建筑工程项目招投标的建筑业企业和申领建筑工程施工许可证的建筑单位都必须建立农民工工资保障金制度。

（1）制定完善农民工工资预储账户制度的具体管理办法。

建筑施工企业的施工总承包企业和专业承包企业须在工程项目所在地指定银行建立农民工工资预储账户，并书面承诺该账户资金只用于支付农民工工资，专款专用，不得挪用。预储账户中农民工工资预留标准，建议施工总承包企业按照产值的 12% 或建筑工程造价的 1.5%，专业承包企业按照产值的 6% 预留，最低标准要能保障按月拨付劳务分包企业足额的农民工工资。指定的银行负责对该资金用途去向进行监管，并向建设行政主管部门、人力资源与社会保障行政管理部门提供有关信息。专用账户的预留资金应当能保障根据劳动合同约定的农民工工资标准，按照依法签订的集体合同或劳动合同约定的日期按月拨付给劳务分包企业，用于支付农民工工资，并不得低于当地最低工资标准（借鉴《重庆市建设领域农民工工资支付监管暂行办法》），每年年底前做到 100% 支付，具体支付方式可采用一卡通的形式或结合建筑行业特点在内部工资支付办法中做统一规定。

劳务分包企业应当在开办实名制卡业务的银行建立农民工工资专用账户，与开立农民工工资专用账户的银行营业网点签订《代发农民工工资协议书》，由劳务发包企业从劳务费专用账户中按月将农民工工资打入农民工工资专用账户中，专项用于支付农民工工资。专款专用，不得挪用。

（2）制定完善农民工工资支付保障金制度的政策建议。

建设单位、施工总承包企业、专业承包企业及劳务分包企业应当在工程项目所在地指定银行建立工资支付保障金专用账户，该账户专项用于发生欠薪时支付农民工工资的应急保障，专款专用，不得挪用。账户内资金启用要经建设行政主管部门和人力资源与社会保障行政管理部门批准，并在 30 日内予以补足（借鉴《在京建筑企业建立农民工工资支付保障制度》），逾期未补足保障金的，将按照应补足数额加倍缴纳。同时，建设行政主管部门，有权责令该项目限期整改。对因拖欠、克扣农民工工资行为的用人单位要按照上年度应付农民工工资总额的25%预存农民工工资支付保证金。

采用农民工工资分项列支管理制度，明确建设单位、施工总承包企业或施工企业、专业承包企业、劳务分包企业的具体责任。劳务分包企业发生拖欠、克扣农民工工资情况，经人力资源和社会保障行政管理部门及建设管理部门调查确认后，责令限期支付；逾期不支付，由人力资源和社会保障行政管理部门签发《农民工工资支付通知书》，从建设单位、施工总承包企业和专业承包企业和劳务分包企业存入银行的工资支付保证金中支付。使用保证金支付农民工工资后，由人力资源与社会保障行政管理部门通知建设单位、施工总承包企业以及专业承包企业，按规定期限补存已经支付的农民工工资保障金，逾期未支付保障金的企业，建设行政主管部门，也有权责令该项目限期整改。

建设单位、施工总承包企业以及专业承包单位申请退还保障金提交退还申请时，须向人力资源和社会保障行政管理部门及建设管理部门提交农民工工资支付凭证或其他能证明农民工工资已付清的充分证据、有效担保手续的报告。人力资源和社会保障行政管理部门及建设管理部门接到报告后的3个工作日内，到项目所在地张贴无欠薪通告和投诉欠薪渠道，7个工作日内如没有接到欠薪投诉，方可退还保障金，否则不予退还。若退还保障金后，仍有投诉，未及时处理的企业，需加倍缴纳保障金，并降低其信用等级。

4.7.4 制定与建设单位、总承包企业和劳务分包企业信用等级挂钩的差别化工资保证金缴纳办法

建议进一步明确工资支付保障金的缴纳主体和缴纳比例。第一，农民工工资支付保证金由项目建设单位缴纳，在应付工程款中列支，农民工工资支付保证金的缴纳比例为施工总承包合同价款的1%~2%。第二，总承包单位按照总承包合同价款的规定比例存储农民工工资支付保证金，具体如下：工程合同

金额在 1000 万元（含 1000 万元）以下，按合同金额的 3% 计算；工程合同金额在 1000 万 ~ 5000 万元（含 5000 万元），按合同金额的 2% 计算；工程合同金额在 5000 万元以上的，按合同金额的 1.5% 计算。为引导鼓励建筑施工企业规范管理劳务用工，及时足额支付农民工工资，可以按照无拖欠少缴，拖欠多缴的原则核定缴纳比例。例如：承建项目的建筑施工企业在上一年度中没有拖欠农民工工资的，按 1% 缴纳；承建项目的建筑施工企业在上一年度中有拖欠农民工工资问题的，按 2% 缴纳；承建项目的建筑施工企业连续三年没有发生过拖欠农民工工资问题的，可免缴农民工工资支付保证金。如有当年新发生拖欠，按合同价款的 2% 缴纳。发生过无故拖欠农民工工资行为的其他用人单位，应当在每年年初按照上一年度工资总额的一定比例，向劳动保障部门指定的银行专户预存工资保证金。用人单位不能按期支付农民工工资的，由劳动保障部门从工资保证金中支付。工资保证金及其利息归该建筑施工企业所有。工程结束后，未发生无故拖欠农民工工资行为的，工资保证金及其利息由该建筑施工企业自行支配。

4.7.5　进一步完善欠薪应急周转金制度和欠薪保障基金制度试行办法

各级政府都应在本地设立欠薪应急周转金和欠薪保障基金。欠薪应急周转金和欠薪保障基金的来源可借鉴上海的做法：企业缴纳的欠薪保障费及其利息的收入；垫付欠薪款项的追偿所得；财政补贴；其他收入企业、企业分支机构每年缴纳一次欠薪保障费。缴费的具体数额，应为本地区公布的月最低工资标准的数额。垫付农民工工资动用的应急周转金本息应当依法予以追偿。应急周转金和欠薪保障基金专户预存数额，市级一般不低于 300 万元，县级一般不低于 100 万元。应急周转金和欠薪保障基金的储存启用制度由各级人力资源和社会保障部门会同财政部门共同制定，并报政府主管部门审批同意后方可执行。

4.7.6 加强工资支付保障监控制度和信用制度等配套制度的衔接

进一步强化工资支付保障制度实行的监控力度，完善监控体系，监控制度和信用制度等配套制度的衔接。积极推进信用体系和风险管理制度建设。发挥市场信用约束和失信惩戒机制的作用。建设部建立建筑业企业和房地产企业的信用档案和市场监控体系，配合有关金融部门，对有违约失信行为的房地产开发企业，严格控制贷款。在贷款数额、期限、利率等方面实行限制；对自有资金不足的房地产开发企业坚决不予贷款，充分发挥建筑业行业协会的自律作用，引导企业自觉抵制业主的不合理要求。对于严重或恶意拖欠工程款的业主以及搞不正当竞争、签订"黑白合同"的建筑业企业，记入信用档案，向社会公开其不良记录。严格执行"零拖欠"招投标制，对有 2 次以上拖欠劳务费行为或有 1 次拖欠行为但仍未清理的总承包企业，取消其在各级公共资源交易平台的招投标资格；对有相同拖欠记录的劳务分包企业，没有资格参加新的招投标和承接新的劳务项目。总承包企业和劳务分包企业若拖欠民工工资被投诉举报，经监管单位查证属实的，取消其在工程建设中的评先资格，信用等级下降，并按照合同约定给予相应的处罚。对拖欠民工工资的总承包企业和劳务分包企业单位，录入建筑企业不良信用档案，同时，书面告知监管银行将其录入银行诚信系统，并不予为其办理贷款。还需录入政府企业信用信息系统，降低信用等级标准，进行信用记录备案，供政府相关职能部门在表彰评优、采购、招投标、资质认定、年检年审、登记注册以及对企业及其法定代表人或主要负责人的评比认证任职等活动中做参考依据，也可为房产市场各类企业进行市场交易行为和消费者理性购房提供相关企业的信用信息。

此外，还应该构建全国信息化管理系统平台，实现农民工工资支付动态化管理。在全国建立各地区信息化管理平台，实现农民工工资支付保障制度的全方位、系统化、动态化运行和管理。有助于优化跨地区的联动机制，使管理更加高效、便捷。

第5章

我国建筑业和房地产业中高级
管理者工作时间调查研究

工作时间是反映企业劳动关系现状的重要指标。建筑与房地产业劳动者的工作时间调查是典型行业、典型群体的调查，具有重要的研究价值。本章主要以北京、上海等典型地区的建筑和房地产企业的中、高级管理人才为调查研究对象，应用调查法、观察法等研究方法，在数据分析的基础上，研究探讨北京、上海的建筑和房地产业中、高级管理者的加班现状。通过对加班时间等相关问题的基本数据的描述统计分析，进一步讨论这两个地区的建筑和房地产业中、高级管理者的工作强度和工作状态、是否存在过度劳动的现象、对加班的态度和看法、对当前企业加班管理制度合理性的看法以及自我维权意识和维权能力等问题。此外，初步分析加班状况对企业劳动关系的影响，以及工会在缩短加班时间或提高加班工资的商议中所起的作用，并在此基础上对北京和上海地区的建筑、房地产业的中、高级管理者的工作强度进行比较分析，进一步提出相应的对策建议。

5.1

引言

依据 2011 年世界银行的标准，我国已跨越中等收入陷阱，成为了中上等收入国家，正步入迈向高收入国家的行列。自 1999 年中国住房制度改革之后，房地产开发投资速度加快，投资规模加大，房价不断提高，2008 年虽有所回落，但之后又再度攀升，不仅房地产相关产业①的投资和消费促进了我国的经济增长，为我国的经济发展做出了贡献，在我国的经济高速发展的进程中，经济增长同时也促进了建筑业与房地产业的发展。

表5.1　国内生产总值及其增长速度与第二、三产业增加值占 GDP 的比重

年份	全年国内生产总值（亿元）	GDP 增长率（%）	第二产业增加值占 GDP 比重（%）	第三产业增加值占 GDP 比重（%）
2009	340903	9.2	46.8	42.6
2010	401513	10.4	46.8	43.0
2011	473104	9.3	46.8	43.1
2012	519470	7.7	45.3	44.6
2013	568845	7.7	43.9	46.1

注：第一产业包括农林牧渔业，第二产业包括工业和建筑业，第三产业包括服务业和房地产业等。因本报告的研究对象为建筑业和房地产业，所以不对第一产业的情况加以探讨。

资料来源：国家统计局发布的历年中华人民共和国国民经济和社会发展统计公报。

第二、三产业增加值占 GDP 的比重，表明了第二、三产业对我国 GDP 增长所做出的贡献。表5.1 数据说明，第二产业近几年虽然一直处于增长中，但是占 GDP 的比重有所下降，相反第三产业占 GDP 的比重却有所增加，并于2013 年第三产业增加值占 GDP 的比重首次超过了第二产业。建筑业属于第二产业，房地产业属于第三产业，两者都处于增长中，对国民经济的增长起促进作用。

表5.2 数据显示，我国 2009 全年全社会建筑业增加值 22399 亿元，比上年增长 18.2%；我国 2010 全年全社会建筑业增加值 26661 亿元，比上年增长 13.5%；我国 2011 全年全社会建筑业增加值 31943 亿元，比上年增长 9.7%；我国 2012 年全年全社会建筑业增加值 35459 亿元，比上年增长 9.3%；我国 2013 年全年全社会建筑业增加值 38995 亿元，比上年增长 9.5%。

---

① 房地产相关产业：从产业结构角度看，房地产相关产业包括建筑业和房地产业。前者是房地产生产部门，后者是房地产服务部门。根据国际标准产业分类（ISIC/Ver.4.2008），建筑业属第二产业，房地产业属第三产业。中国标准产业分类也是如此（GB 2002）。况伟大. 房地产与中国宏观经济. 北京，中国经济出版社，2010：18–19。

表 5.2　　　国内建筑业增加值及其增长速度与房地产业增加值及其增长速度

年份	全年全社会建筑业增加值（亿元）	比上年增长率（%）	全年全社会房地产业增加值（亿元）	比上年增长率（%）
2009	22399	18.6	340903	9.2
2010	26661	13.5	401513	10.4
2011	31943	9.7	473104	9.3
2012	35459	9.3	519470	7.7
2013	38995	9.5	568845	7.7

资料来源：同表 5.1。

以上数据显示建筑业的产业规模继续扩大，并将继续发挥在国民经济中的支柱产业作用。

值得强调的是国家统计局在"国民经济和社会发展统计公报"的固定资产投资部分，除分别统计了第一产业、第二产业和第三产业的投资总额及增长比例的变化之外，唯一特别统计了房地产的开发投资总额和增长率的变化。如表 5.3 所示，我国 2009 全年房地产开发投资 36232 亿元，比上年增长 16.1%；我国 2010 年全年房地产开发投资 48267 亿元，比上年增长 33.2%；我国 2011 全年房地产开发投资 61740 亿元，比上年增长 27.9%；我国 2012 全年房地产开发投资 71804 亿元，比上年增长 16.2%；2013 我国全年房地产开发投资 86013 亿元，比上年增长 19.8%。

表 5.3　　　　　　　　　房地产开发投资总额及其增长速度

年份	全年房地产开发投资总额（亿元）	比上年增长率（%）
2009	36232	16.1
2010	48267	33.2
2011	61740	27.9
2012	71804	16.2
2013	86013	19.8

资料来源：同表 5.1。

建筑、房地产业持续健康的发展不仅需要高水平的专业技术人才，还需要一大批专业的经营管理人才，尤其是中、高级管理人才。他们既是企业核心竞争力的源泉，也是企业发展的主要动力，因为他们将决定着企业的发展方向，是企业战略决策的制定者、参与者和执行者，都是稀缺的专业复合型人才，资源的稀缺性决定了他们的重要性；但同时企业也需要他们比普通白领阶层付出更多的劳动、更多的机会成本，还有更多的工作时间，也就意味着他们可能面临着不得不加班的情况，尤其是隐形加班时间应该要比普通白领阶层更多。其中的一部分中、高级管理人才，如项目经理和高级项目经理长期从事超负荷、超强度的工作，工作压力极大，严重的危害了身心健康，导致出现建筑、房地产企业的中、高级管理人才流失率也较高的现象，如果不加以关注，将成为影响构建和谐劳动关系的不利因素。

清华大学社会学教授李强指出，中产阶级是指生活水平、财产地位处于中等层次的社会群体，可能成为社会发展中的"稳定器"、社会矛盾的"缓冲层"、社会行为的"指示器"。而建筑、房地产业的中、高级管理人才很显然是中产阶级的主要成员，是白领群体中的中、上阶层。在西方经济学文献中，劳动力市场一般按四种方式进行划分，即主要和次要市场的划分、主要内部市场的划分、种族引起的划分和性别引起的划分等①。毋庸置疑，建筑、房地产企业的中、高级管理者也都应归属于主要劳动力市场，因此，对建筑、房地产企业的中、高级管理人才的加班情况进行调查研究富有一定的社会意义和现实意义。

5.2

概念界定

5.2.1 "建筑、房地产业"的概念界定

（1）"建筑业"的概念界定、基本特征以及发展现状。

世界上产业分类的通用标准是联合国统计署编制的《全部经济活动的国

---

① 赖德胜. 论劳动力市场的制度性分割 [J]. 经济科学, 1996 (6).

际标准产业分类（第3版）》（International Standard Industrial Classification of all Economic Activities, ISIC/ Rev. 3）（1989年修订），在英国、美国、日本、德国等发达国家①也基本与联合国规定相一致（卢有杰，2005）。我国现行的产业分类《国民经济行业分类（GB/T4754/2002）》也是在参考联合国产品分类标准的基础上制定的②。事实上，其前言中开宗明义地说明GB/T4754/2002是对应于ISIC/Rev. 3所编制的。"建筑业"在国民经济体系、《全部经济活动的国际标准产业分类》和《中心产品分类》（Central Product Classification, CPC）等体系和标准中，分为"狭义建筑业"和"广义建筑业"两类。狭义的建筑业指建筑产品的生产（即施工）活动；广义的建筑业涵盖了建筑产品的生产以及建筑生产有关的所有服务内容，包括规划、勘察、设计、建筑材料与成品及半成品的生产、施工及安装，建成环境的运营、维护及管理，以及相关的咨询和中介服务等，这反映了建筑业真实的经济活动空间③。这里采用狭义的建筑业定义。

我国1997年11月1日颁布、自1998年3月1日起施行的《建筑法》从管辖范围角度，将建筑业的活动分为四个大类：第一类，各类房屋建筑及附属建造和与其配套的线路、管道、设备的安装活动。第二类，抢险救灾及其临时性房屋建筑和农民自建低层住宅的建筑活动。第三类，军用房屋建筑工程的建筑活动。第四类，其他专业建筑工程的建筑活动（铁路、水利水电工程、公路、港口、码头、机场等）。本章的调查研究对象不涉及第二类和第三类的活动范围。

建筑业的基本特征：建筑业是国民经济是否有生机活力的重要标志，与国家的经济发展密切相关，是国民经济的支柱产业。建筑业本身还是一个庞大的产业系统，与国民经济中众多行业具有高度的关联性，为其他生产部门提供重

---

① 关于建筑业的范畴可参考这些国家的政府部门网站：美国商务部经济统计局（http://www.stat-usa. gov/）、英国社区和地方政府部（www. communities. gov. uk）、日本国土交通省（http://www.mlit. go. jp/index-e. html）、德国联邦交通、建筑和城市事务部（http://www. bmvbs. de/en/）。

② 蒋其发. 建筑业政府管制：理论、实践与产业发展. 北京，经济科学出版社，2011：15.

③ 国务院第二次全国经济普查领导小组办公室、中国建筑业协会. 中国建筑业发展研究报告. 北京，中国统计出版社，2012：1.

要的物质技术基础，是各行业赖以发展的基础性先导行业，会消耗大量的各类物质材料，能够带动众多相关产业的发展。建筑业行业本身还具有资金密集型和劳动密集型的产业特征。建筑业成为提供就业、吸纳农村富余劳动力的主要渠道，成为农民增加收入的主要来源。

前文中表 5.2 的数据显示，2009 年和 2010 年建筑业增长迅速，但 2011 ~ 2013 年，虽然建筑业仍在发展，但增长趋缓，增速已不及 10%。建筑业技术进步的步伐也比较缓慢，在大数据时代的背景下，建筑业未来投资在经济增长中的作用也将逐步弱化。此外，建筑成本和人工成本的急剧上涨，严重削弱了建筑企业的利润空间，企业融资难、融资贵、市场份额不断缩小，国内市场竞争激烈，国际竞争明显加剧，以及高级管理人才的匮乏等因素，都将对长期依靠扩大固定投资规模运行的建筑业产生不利影响，建筑业增速下行的趋势可能会持续。

（2）"房地产业"的概念界定、基本特征及其发展现状。

目前，在理论上不同研究领域的学者对"房地产业"的概念界定仍未达成共识，在现实中也存在对房地产业认识模糊的问题。但是按照房地产业的活动范围来界定房地产业，通常可分为两种。一种是狭义的房地产业，是指以房地产为对象的开发经营、管理与服务等一系列经济活动的总称。房地产业应属于第三产业，具体而言是指从事房地产开发、经营、销售、租赁等活动而取得经济效益的行业。目前我国国家统计局的统计口径与国外的房地产的界定基本是一致的，都是狭义的房地产业。另一种是广义的房地产业，即在狭义房地产的基础上把房地产开发投资包括在内[①]。本报告采用狭义的房地产业的定义。

房地产业也是其他行业的先导和基础性产业，产业链比较长，与众多产业部门密切相关。房地产业是我国经济增长中投资和消费两驾马车的"重要支撑点"，对国民经济具有重要作用，是我国国民经济的支柱性产业，对相关产

---

① 刘水杏，张凌云，贾卓，常琳琳. 北京市房地产业的社会经济效应 [M]. 北京：中国建筑工业出版社，2011：1 - 2.

业的发展起促进作用。我国的房地产业对引导消费、调整消费结构、促进经济发展有重要作用。从房地产的投资过程来看，房地产业属于高投资和高风险并存的产业，其建设周期长，其经济活动是一个大量资金运作的过程。房地产业除产生一定的经济效益之外，还能产生明显的社会效益，产生一定的外部性。正向的外部性（外部经济）有促进就业、满足人们的居住需求、改善居住条件以及美化自然环境等；负的外部性（外部不经济）有因监管不力而产生的环境污染，增加了 PM2.5 的值，影响居民身体健康等①。

房地产业最突出的特征是与土地相连，以土地为依托，是一个区域差异巨大、级差收益明显、地区性特别强的行业。由于房地产的空间固定性，房地产业的发展比其他行业更受制于区域经济发展水平。一般而言，地区经济发展水平高、发展速度快，房地产业的发展相应也比较快；而地区经济发展水平低、发展速度慢，相应房地产业也发展较慢。因此，本章选取了北京和上海两个我国经济发展较快的地区，作为调查研究的对象，本研究具有一定的代表性。

前文中表 5.3 的数据显示，房地产开发投资继续增长，2010 年和 2011 年增长迅速，近两年投资增长趋缓，不足 20%，房地产投资将逐步回归理性。由于房地产的宏观调控政策的影响，以及第三产业中信息传输、计算机服务和软件业、商务服务业等几大行业进入了快速发展时期，占领了第三产业的大部分空间，房地产业的发展增速放缓，增速下行的趋势也可能会持续，与建筑业相一致。

5.2.2　"建筑、房地产业的中、高级管理者"的概念界定

着眼于社会主义市场经济体制改革和构建现代企业制度的需要，建筑、

---

① 外部性（或外部效应，Externality）是指在市场价格中得不到反映的给小费者或生产者带来损益的行为（平狄克，2000）。外部性经济（或正的外部性）是指行动一方使另一方受益；外部不经济（或负的外部性）是指行动一方使另一方付出代价。

房地产业的中、高级管理者不仅需要具有良好的政治素质、广博的专业知识，而且应该具有较强的经营管理才能，在复杂的市场竞争中能进行战略思考、科学决策、统筹协调、勇于创新，同时应具有较强的驾驭市场经济的能力。

目前建筑及房地产行业的高级管理者主要包括总经理、副总经理、成本控制总监、市场总监、销售总监、总工程师、总经济师、技术总监、客户总监、人力资源总监、项目管理咨询师、高级建筑师、高级项目经理等。中级管理者主要包括各部门经理和项目经理等。

本研究主要调查对象为北京和上海的建筑、房地产业的中、高级管理者，具体研究和探讨的主要问题是北京和上海建筑、房地产业的中、高级管理者的加班状况，以及加班时间对和谐劳动关系的影响。

5.2.3 "加班"与"加班时间"的概念界定

我国的法律法规对"加班"使用了不同的名称和称谓，如《劳动法》第四章和第十二章都使用了"延长工作时间"的称谓，原劳动部发布的《对〈工资支付暂行规定〉有关问题的补充规定》使用"加班加点"的名称，而《劳动法》则使用"加班"的名称，本研究采用《劳动法》中"加班"的称谓。"加班"简而言之，就是指"增加"的"上班"，即工作时间以外仍继续工作的状况。"工作时间"是指劳动者为履行劳动义务，在法定限度内应当从事劳动和工作的时间①。我国《劳动法》第三十六条规定："国家实行劳动者每日工作时间不超过八小时、平均每周工作时间不超过四十四小时的工时制度。"1995年3月国务院颁布的《关于修改〈职工工作时间的规定〉的决定》（国务院令第174号），将标准工时规定为"职工每日工作8小时，每周工作40小时"。

"加班时间"是指在国家规定的标准工作时间以外延长或者增加的工作时

---

① 王全兴. 劳动法 [M]. 北京：法律出版社，2008：269.

间，包括在休息日的"上班时间"（俗称加班）和在标准工作时间以外提前上班的时间和延后下班的时间（俗称加点）。因此，加班时间又称"加班加点"或者"延长工作时间"①。

美国法律中除规定每周标准工作时间为 40 小时外，对加班时间（相当于我国劳动法中的延长工作时间）的上限没有硬性的规定。但对哪些活动属于"工作"，应算入工作时间，则有比较详细的规定。首先，并非只有雇主要求的工作才是上班，雇主允许的工作也是工作时间。譬如，职工在一天结束时为了完成未完成的工作或纠正一件错误，都属于工作，必须支付工资；因工作需要必须等待的时间也是工作时间；工作期间短时间的休息也必须算是工作时间；值班不超过 24 小时的职工即使在值班期间可以睡觉或做私事，也必须按工作时间对待；但我国对于哪些时间应该被纳入工作时间的范畴，《劳动法》并未给出明确规定，因此，产生了大量的相关劳动争议案件。

5.3

北京和上海地区建筑、房地产业中、高级管理者加班状况的现状分析

调研采用问卷调查、访谈和观察等方法，共随机发放了 268 份问卷，回收率为 92%，有效问卷为 268。其中北京地区国有建筑、房地产企业随机发放 130 份问卷，回收率为 95%，有效问卷为 122 份；北京地区私有建筑、房地产企业随机发放 30 份问卷，回收率为 73%，有效问卷为 22 份；上海地区国有建筑、房地产企业随机发放 100 份问卷，回收率为 94%，有效问卷为 84 份；上海地区私有建筑、房地产企业随机发放 30 份问卷，回收率为 97%，有效问卷为 29 份。调查问卷的发放和回收的具体情况见表5.4。

---

① 沈同仙. 工作时间认定标准探析［J］. 法学，2011（5）：138.

表5.4　　　　　　　　　　　　　调查问卷发放回收情况

单位类型	问卷发放（份）	问卷回收（份）	问卷流失（份）	回收率（%）
北京国有建筑、房地产企业	130	123	7	95
北京私有建筑、房地产企业	30	22	8	73
上海国有建筑、房地产企业	100	94	6	94
上海私有建筑、房地产企业	30	29	1	97
合计	290	268	22	92

5.3.1　调查对象基本情况的描述统计分析

（1）调查对象的性别与婚姻，以及党员分布情况。268份有效问卷中，除4份问卷此项为空白外，男性147人，女性117人。男性、女性有效百分比分别为54.9%和43.7%。被调查者中，除3份问卷此项未填写外，已婚为198人，未婚为67人，已婚、未婚有效百分比分别为73.9%和25.0%。是否党员的分布情况，统计数据显示，268份有效问卷中，除4份为空白外，中共党员共计148人，非中共党员共计116人，党员、非党员有效百分比分别为55.2%和43.3%。

具体分布情况如表5.5所示。

表5.5　　　　　　　　　调查对象性别、婚姻、党员分布情况　　　　　　　单位：%

性别	有效百分比	婚姻	有效百分比	是否党员	有效百分比
男性	54.9	已婚	73.9	党员	55.2
女性	43.7	未婚	25.0	非党员	43.3

（2）调查对象的文化程度、年龄和户口分布情况。回收的268份有效问卷中，除了2份问卷未填写此项外，研究生、本科、大专、中专、高中（职高、中技）的有效百分比分别为18.7%、56.0%、16.4%、2.6%、2.6%。具体分布情况如图5.1所示。

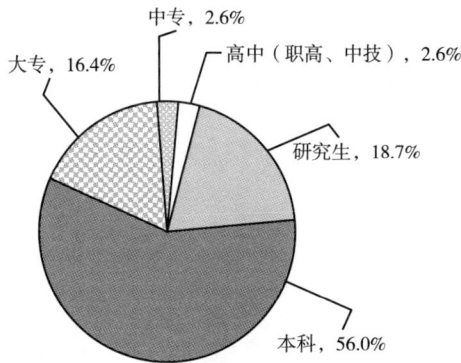

图 5.1　调查对象的学历分布情况

有效的 268 份问卷中，除了 10 份为空白问卷外，年龄 25 岁以下、26～30
岁、31～40 岁、41～50 岁、50 岁以上年龄段的有效百分比分别为 9.3%、
20.7%、34.4%、22.2%、3.7%。具体分布情况如图 5.2 所示。

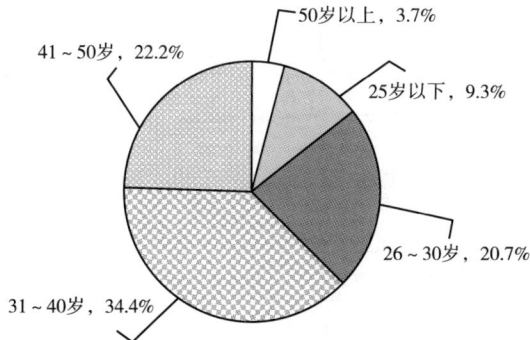

图 5.2　调查对象的年龄分布情况

有效的 268 份问卷中，除了 4 份未填写此项外，本市（县）非农户口、本
市（县）农业户口、外地非农业户口、外地农业户口的有效百分比分别为
70.1%、3.7%、17.9%、6.7%。具体分布情况如图 5.3 所示。

（3）调查对象的职业性质分布情况。回收的 268 份有效问卷中，除了 6 份
问卷未填写此项外，从事生产/销售/公关/市场/业务等管理工作的 76 人，从
事财务/行政/人事等工作的 102 人，从事技术研发/设计管理工作的 22 人，从
事项目管理/事业部管理工作的 39 人，从事公司总体战略和运营管理工作的

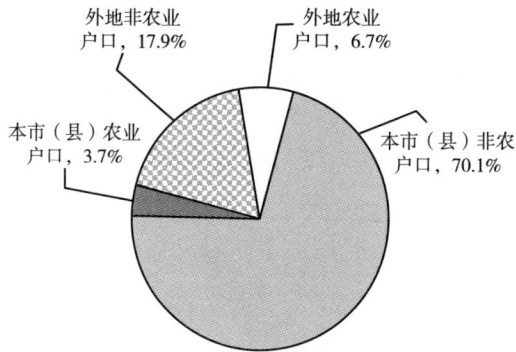

图5.3　调查对象的户口分布情况

17人，有效百分比分别为 28.4%、38.1%、8.2%、14.6%、6.3%。具体分布情况如图5.4所示。

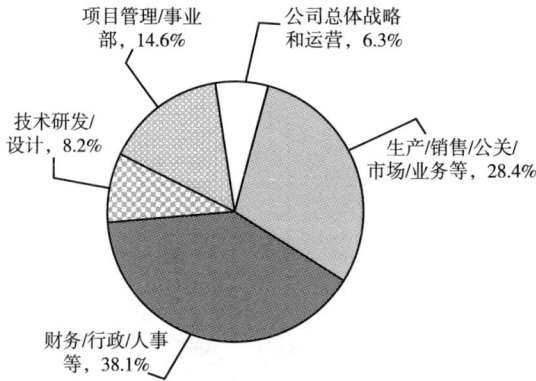

图5.4　调查对象的职业性质分布情况

5.3.2　调查对象加班状况的基本数据分析

学者们普遍认为，劳动时间的减少是社会进步的一种体现，二战以后，西方国家的工作时间几乎减半，因为经济的增长使得他们的工资也在不断上升，在争取工人劳动时间下降的过程中，工会、劳资双方的谈判、立法的完善扮演着重要的角色。尽管如此，由国际劳工组织公布的一项调查显示，全世界仍有大约22%的劳动力，即6.142亿劳动者每周工作时间"过长"，超过48小时①。可见，周工作时数能很好地反映劳动者的劳动强度，但是除周工作时数外，日劳动小时数、月工作天数以及全年工作月数也是重要的对加班状况的测量指标。

第一，调查对象的工作时间分析。本研究采用日劳动小时数为主要测量指标，分析调查对象的加班状况。

本研究针对北京和上海地区的建筑、房地产业的中、高级管理者的调查结果如表5.6所示：调查对象中2013年全年平均每天工作8小时的共183人，有效百分比为68.3%，属于正常工作时间范畴，每天工作8.5～15小时的共60人，有效百分比为21.2%，属于加班时间范畴，其中每天工作10小时的人数为32人，占比为11.9%（按5天工作日，折合为50小时/周），而每天工作7～8小时之间的7人，有效百分比仅为3%。可见，平均每天延长工作时间的人数远远高于工作时间不足的人数，加班或延长工作时间（平均每天工作时间超过8小时）的建筑、房地产业的中、高级管理人员达到20%以上。

表5.6　　　　　　　　　　2013年全年平均每天工作时间统计

平均每天工作时间（小时）	人数（人）	百分比（%）
7	4	1.1
7.25	1	1.5
7.5	3	0.4
8	183	68.3
8.5	3	1.1
9	14	5.2
9.5	1	0.4
10	32	11.9
11	3	1.1
12	6	2.2
15	1	0.4
21	2	0.7

---

① 袁殷. 我国劳动者劳动时间变化趋势及原因初探 [J]. 南方人口，2009 (3)：60.

第二，调查对象的加班时间分析。本研究采用工作日（周一到周五）平均每次加班时数为主要测量指标，分析调查对象的加班状况。回收的268份有效问卷中，除了37份问卷未填写此项外，工作日（周一到周五）平均每次加班时数为1小时以下的61人，工作日（周一到周五）平均每次加班时数为1~2小时的83人，工作日（周一到周五）平均每次加班时数为2~3小时以下的48人，工作日（周一到周五）平均每次加班时数为3小时以上的36人，有效百分比分别为22.8%、31.0%、17.9%、13.4%。具体分布情况如图5.5所示。数据显示，北京、上海地区建筑和房地产业的中、高级管理者在工作日（周一到周五）平均每次加班时数1~2小时的人数最多，超过了30%，其次加班时数为2~3小时，超过了20%。

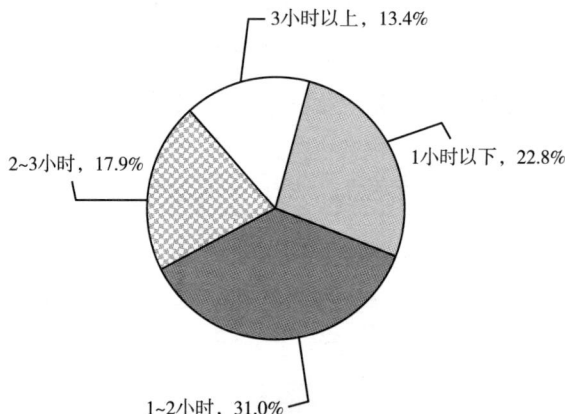

图5.5　工作日平均每次加班时数统计情况

本书除了采用工作日（周一到周五）平均每次加班时数为主要测量指标之外，还采用平均每周（周一到周五）加班天数为主要测量指标，来进一步分析调查对象的加班状况。回收的268份有效问卷中，除了37份问卷未填写此项外，工作日（周一到周五）加班天数为1天的83人，工作日（周一到周五）加班天数为2天的43人，工作日（周一到周五）加班天数为3天的13人，工作日（周一到周五）加班天数为4天的6人，工作日（周一到周五）加班天数为5天的5人，有效百分比分别为31.0%、16.0%、4.9%、2.2%、1.9%。具体分布情况如图5.6所示。数据显示，30%以上的北京、上海地区的建筑和房地产业中、高级管理者至少在工作日（周一到周五）要加班 1 天，16% 以上的中、高级管理者要至少加班 2 天，甚至还有每天都加班的人员，虽然人数不多，但仍然存在着过度劳动的现象。

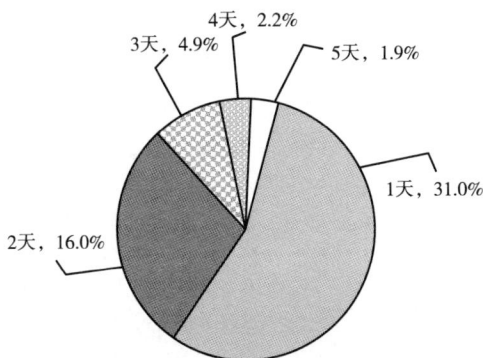

图 5.6　工作日加班天数统计情况

以上统计数据显示，调查对象工作日每周加班 1 天，每次加班 1~2 小时的比例最大，都超过了 30%。

第三，《劳动法》规定的加班时间的具体情况分析。本研究从三个维度对加班的具体情况进行了分析。一是通常情况下是否延时加班。调查对象中除 14 人未填写此项外，215 人是延时加班，有效百分比为 80.3%，39 人是非延时加班，有效百分比为 14.6%；此数据表明，几乎 80% 的调查对象都有过延时加班的经历。二是通常情况下是否休息日加班。调查对象中除 14 人未填写此项外，144 人是休息日加班，有效百分比为 53.7%，108 人是非休息日加班，有效百分比为 40.3%；可见，50% 以上的人都有过休息日加班的情况。三是通常情况下是否法定节假日加班。调查对象中除 14 人未填写此项外，81 人是法定节假日加班，有效百分比为 30.2%，170 人是非法定假日加班，有效百分比为 63.4%，非法定节假日加班是法定节假日加班的 2 倍。之所以出现法定节假日加班比例较少的现象，我们分析是因为我国《劳动法》第四十四条对用人单位安排劳动者加班应该支付加班工资的标准做了明确规定：用人单位安排劳动者延长工作时间的，支付不低于工资 150% 的工资报酬；休息日安排劳动者工作又不能安排补休的，支付不低于工资的200%的工资报酬；法定休假日安排劳动者工作的，支付不低于工资的300%的工资报酬。即按照法律规定，对于实行标准工时制度的劳动者而言，在标准工时长度（工作时间）以外的工作时间，就有权获得高于标准工时（工作时间）支付标准的加班工资，尤其法定的节假日加班支付的报酬为平时工资的3倍，加班成本太高，所以企业较少安排员工在法定节假日加班。

5.3.3 调查对象是否是被迫强制加班的统计分析

统计结果如图5.7所示。268份有效问卷中，除26人（占比9.0%）未填写此项，为空白的无效问卷外，有200人（占比为74.6%的调查对象）是被迫强制加班，有42人（占比为15.7%的调查对象）是非被迫强制加班。数据显示，建筑、房地产业的中、高级管理者的被迫加班现象较为严重，将近75%的调查对象都属于被迫加班，而非自愿加班。

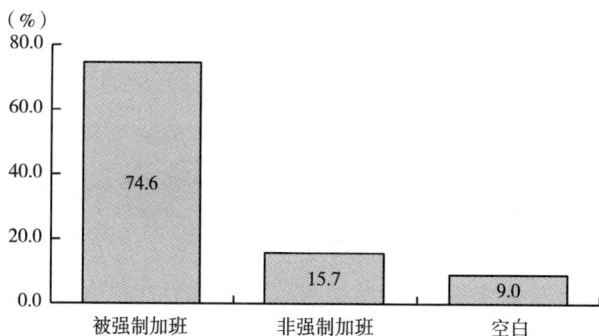

图5.7 调查对象是否是被迫强制加班

5.3.4 调查对象工作状态分析

（1）本研究以调查对象当前的工作强度作为其工作状态的主要衡量指标。"工作强度"的大小决定了管理者是否需要延长工作时间以完成工作任务，"工作强度"成为决定管理者是否需要加班的首要决定因素。对北京和上海地区建筑、房地产业中、高级管理者的工作强度的调查结果见表 5.7。14.2% 的调查对象觉得自己的工作强度"很大",37.3% 的调查对象觉得自己的工作强度"较大";认为"一般""较小"和"很小"的共占 45.9%。可见超过 50% 的调查对象觉得自己的工作强度超过了自己的正常承受程度。

表 5.7　　　　　　　　　调查对象的工作强度情况

工作强度	人数（人）	百分比（%）
很大	38	14.2
较大	100	37.3
一般	105	39.2
较小	16	6.0
很小	2	0.7
空白	6	2.6
合计	268	100.0

具体分析如下:从性别方面看,在北京和上海地区的建筑、房地产业的男性中、高级管理者的工作强度略高于女性中、高级管理者,因为男性在职场中一直要比女性具有性别上的优势,更容易得到晋升,成为管理者,承担的工作任务通常也要比女性多。具体数据如图 5.8 所示。

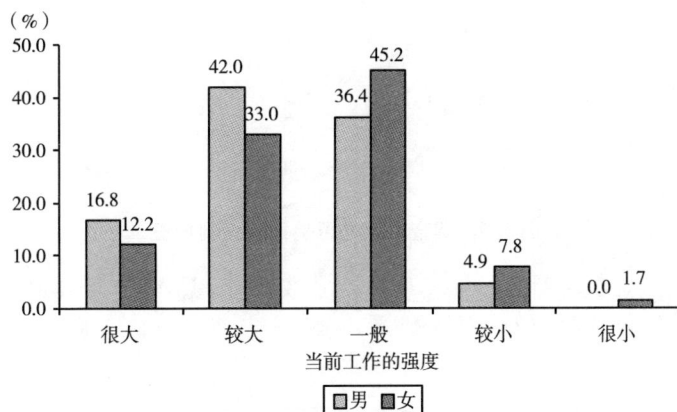

图 5.8　工作强度的性别比较

从城市的角度看，上海地区的建筑和房地产业的中、高级管理者的工作强度普遍要高于北京地区的建筑和房地产业的中、高级管理者，这与上海市一直是中国的经济中心有一定关系。具体数据如图5.9所示。

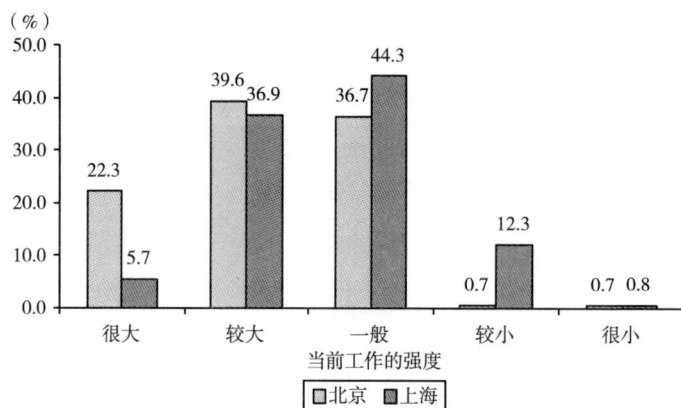

图5.9　工作强度地区比较

从婚姻状况的角度看，北京和上海地区的建筑、房地产业已婚的中、高级管理者的工作强度略高于未婚的中、高级管理者，因为已婚者要担负更多的家庭责任，需要更多的家庭支出，因此也会主动承担更多的工作任务，以期获得更多的报酬。具体数据如图5.10所示。

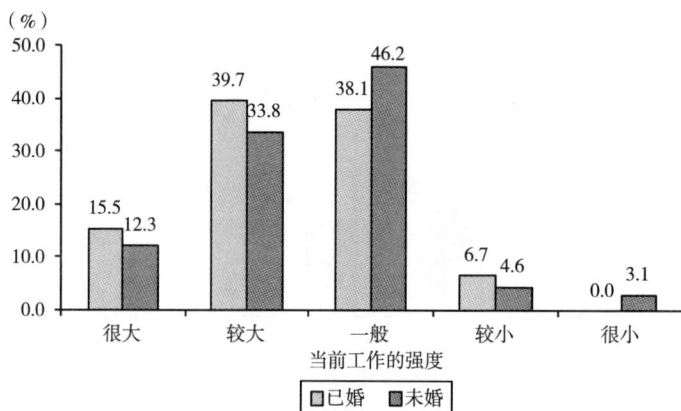

图5.10　工作强度的婚姻状况比较

从是否是中共党员的角度看，是党员的中、高级管理者的工作强度要略高于非党员的中、高级管理者，党员要以身示范，因此通常会承担更多的工作任务，工作强度也就会更大些。具体数据如图 5.11 所示。

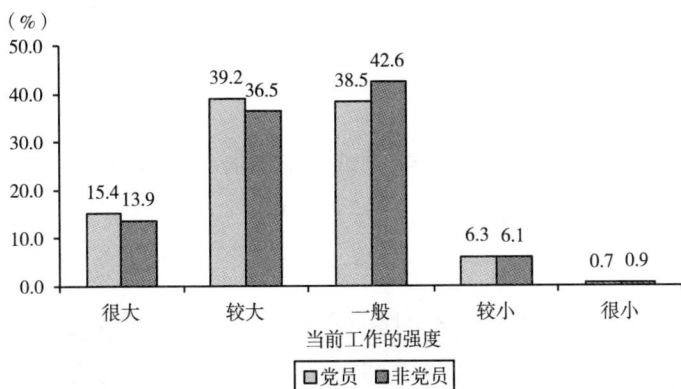

图 5.11　工作强度的党员状况比较

从企业性质的角度看，民企的建筑和房地产业的中、高级管理者的工作强度明显高于国企的建筑和房地产业的中、高级管理者，其原因应该在于：一方面，民企的工作不稳定，为了保住自己的生活来源，管理者不得不努力工作，通过加班来体现自己的价值；另一方面，加班可以获得相应的工资，通过延长工作时间以期获得更多的薪酬。具体数据如图 5.12 所示。

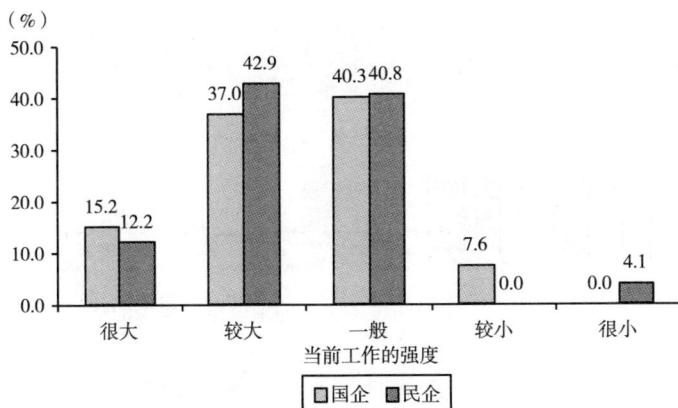

图 5.12　工作强度的企业性质比较

从职业性质的角度看，从事项目管理/事业部管理的中、高级管理者的工作强度最大，从事财务/行政/人事等的中、高级管理者的工作强度最小。从学历角度看，研究生学历中、高级管理者的工作强度最大，略高于其他学历的中、高级管理者的工作强度，中专学历的中、高级管理者工作强度最小，而大专学历的中、高级管理者的工作强度却高于本科学历的中、高级管理者。其他职业差异不大。

（2）本研究还采用在非工作时间里为工作的事情而感到焦虑的情况作为中、高级管理者工作状态的另一个主要衡量指标。调查对象在非工作时间里为工作的事情感到焦虑的统计结果如图 5.13 所示。268 份有效问卷中，除 37 人（占比 13.8%）未填写此项，为空白的无效问卷外，有 45 人（有效百分比为 16.8% 的调查对象）会经常在非工作时间里为工作的事情而感到焦虑，有 159 人（有效百分比为 59.3% 的调查对象）会有时候在非工作时间里为工作的事情感到焦虑，有 27 人（有效百分比仅为 10.1% 的调查对象）是从不在非工作时间里为工作的事情感到焦虑。数据显示，超过 70% 的人都会不同程度的在非工作时间里因工作的事情而感到焦虑，工作状态堪忧，工作压力不同程度上困扰着北京和上海地区的建筑和房地产业的中、高级管理者。

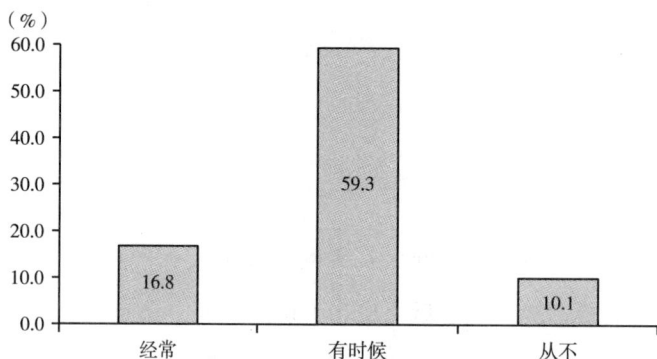

图 5.13　在非工作时间里为工作的事情感到焦虑的情况

（3）本研究还采用了由于工作时间太长，造成没时间做家务和进行其他活动的频率作为建筑和房地产业中、高级管理者工作状态的又一个主要衡量指标。调查对象因工作时间太长，造成没时间做家务和进行其他活动的频率统计结果如图 5.14 所示。268 份有效问卷中，除 42 人（占比 15.7%）未填写此项，为空白的无效问卷外，有 41 人（有效百分比为 15.3% 的调查对象）会经常因为工作时间太长造成没时间做家务和进行其他活动，有 130 人（有效百分比为 48.5% 的调查对象）会有时候因为工作时间太长造成没时间做家务和进行其他活动。可见，超过 60% 的人会经历因为工作时间太长而没有时间做家务和进行其他活动的情况。仅有 55 人（有效百分比为 20.5% 的调查对象）是从不会因为工作时间太长造成没时间做家务和进行其他活动。工作时间过长挤占了做家务和进行其他活动，如健身、社交、看父母和朋友等活动的时间，会影响家庭的和谐，甚至会影响其身心健康。

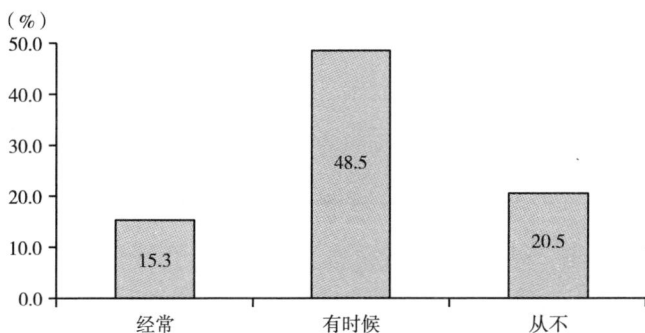

图 5.14　工作时间太长造成没时间做家务和进行其他活动

5.3.5　调查对象上下班交通时间分析

员工花费于上下班交通时间太长的问题在北京和上海地区显得尤为突出。为避开上下班高峰，提前或延后上班和下班的时间，从而挤占了员工的休息时间，成为一个普遍的社会现象和社会问题。为避免上班高峰的拥堵，需要提前 1 个小时，甚至 2 个小时出门，才不至于上班迟到，这也是大城市病的一种表征。

本次调查采用每天上下班共用时间（小时）作为上下班交通时间的衡量指标。结果如表 5.8 所示。排出 15 个奇异值，调查对象每天上下班交通时间最长的为 4 小时，最短的为 0.5 小时（住所离单位非常近或住在单位内），平均每天上下班交通时间约为 2 小时。34.0% 的调查对象平均每天上下班交通时间约为 2 小时；49.2%，几乎接近一半的调查对象平均每天上下班共用时间不低于 2 小时（按 5 天工作日计算，周平均每天上下班交通时间为 10 小时）；32.5% 的调查对象平均每天的上下班交通时间为 1 小时，3.4% 的调查对象平均每天上下班时间为 0.5 小时，还有 4.5% 的调查对象平均每天上下班时间为 1.5 小时。

表 5.8　　　　　　　　　　调查对象每天上下班共用时间

每天上下班时间（小时）	人数	百分比（%）
0.5	9	3.4
1	87	32.5
1.5	12	4.5
2	91	34.0
2.5	4	1.5
3	31	11.6
4	6	2.2
空白	12	4.5

5.3.6　调查对象对加班的态度和看法分析

本次调研共采用两个维度来分析中、高级管理者对加班的态度和看法，即加班的作用和加班的危害，具体又分别采用了 3 个衡量指标，共 6 个指标进行数据分析，通过统计分析的结果，进一步探讨加班存在的影响。具体内容如下。

（1）加班可以加强自我学习，有利于个人能力提升、受重视。11.6% 的调查对象完全同意加班能够加强自我学习，有利于个人能力提升、受重视；22.0% 的调查对象比较同意；持一般态度的调查对象没有明确的倾向性，在此不做具体分析；13.1%的调查对象完全不同意加班有此作用；持比较不同意观点的占17.2%（见图5.15）。总体而言，约32.6%的调查对象持肯定态度，30.3%的调查对象持反对态度，差异不大，但是肯定加班可以加强自我学习、有利于能力提升、受重视的管理者要略高于否定的人数。

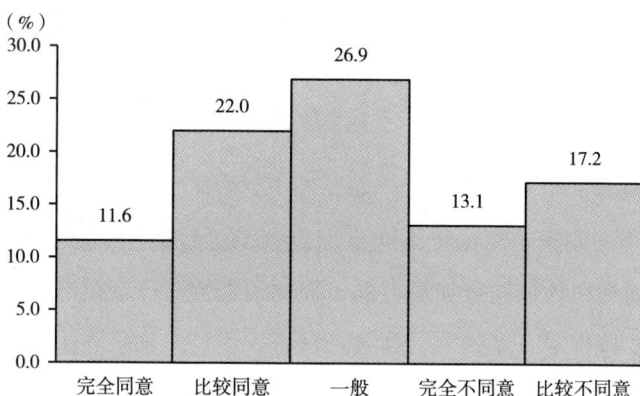

图 5.15　加班有利于个人能力提升、受重视

分析原因，应该是心理契约的因素，员工的普遍心理是经常加班的人往往是受到领导重视的人，或者位居重要职务的人，由于此次调研的国企中、高级管理者居多，中级管理者比重的远远大于高于高级管理者的比重，调查对象对企业都有较高的忠诚度，需要更多的职业发展空间，因此加班常常被认为是积极工作的一种表现，表明自己愿意奉献的态度，证明自己有能力、有潜力得到领导的认可，从而获得晋升的机会。调查对象首先关注的是受重视，如果参加培训的时间能被列入加班时间的范畴，那么，就不难解释调查对象认为通过加班能够加强自我学习和提升个人能力。如果不能列入加班时间的范畴，则调查对象应该并不太赞成加班能加强自我学习和提升个人能力，因为本次调查问卷同时设计了一个开放式问题"您认为提升工作能力的有效途径是什么？"，绝大多数的调查对象都回答是"参加培训"。

关于"您是否自己花钱参加有利于职业发展的培训"问题的统计数据显示，61.2%的调查对象都会自己花钱参加职业发展培训，这与前一开放问题相一致（见图5.16）。

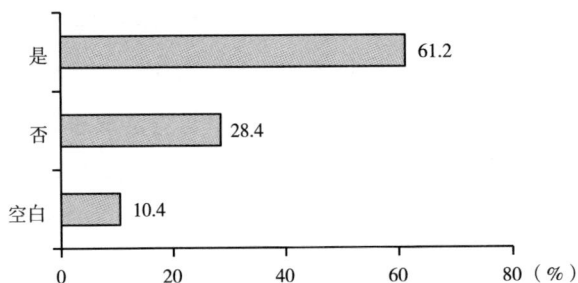

图 5.16　是否自己花钱参加有利于职业发展的培训

（2）加班有助于控制消费欲。如图 5.17 所示，17.2% 的调查对象完全不同意和 42.9% 的调查对象比较不同意加班有助于控制消费欲，仅有 15% 的调查对象完全同意和比较同意加班有助于控制消费欲，持否定态度的中、高级管理者明显高于持肯定态度的中、高级管理者。可见，加班并不会有助于控制人们的消费欲望。

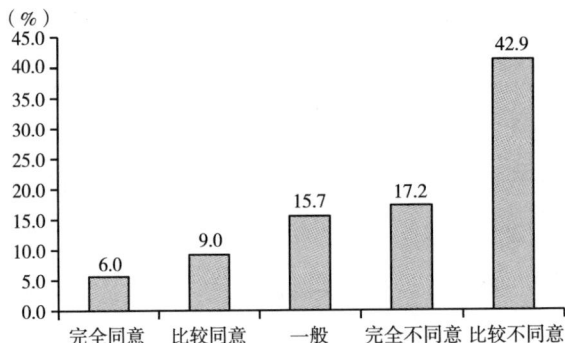

图 5.17　加班有助于控制消费欲

（3）加班有利于增进同事间友谊。如图 5.18 所示，10.5% 的调查对象完全不同意和 28.7% 的调查对象比较不同意加班有利于增进同事友谊，仅有 18.7% 的调查对象完全同意和比较同意加班有利于增进同事友谊，持否定态度的中、高级管理者明显高于持肯定态度的中、高级管理者，可见加班也不能增进同事之间的感情。

（4）加班时工作效率不高（与正常工作时间相比）。268 份有效问卷中，除了 25 份为空白问卷外，具体统计数据，如图 5.19 所示。28% 的调查对象完

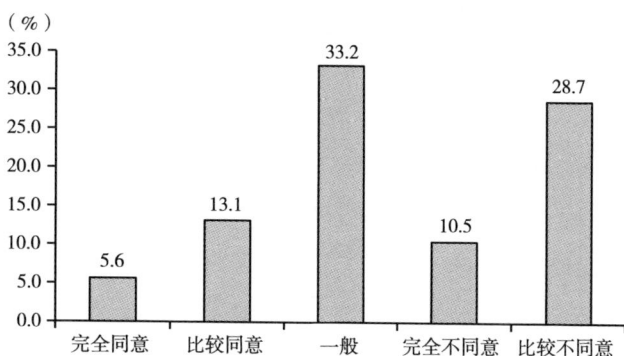

图 5.18　加班有利于增进同事友谊

全同意和比较同意自己加班时的工作效率不高；但竟然有将近 39.9%，接近四成的调查对象认为加班时工作效率与正常工作时间相比没有区别。有趣的是，调查对象的自我感觉与 S. P. 弗洛伦斯 1924 年实证研究结果，"在最初工作的一个小时内，劳动者的工作绩效最高，其后便依次递减，在临近下班的 2 个小时内，工作绩效急剧下降"不一致，但与前文中"加班可以加强自我学习，有利于个人能力提升、受重视"的问题分析结果相一致，由于中、高级管理者中 30% 多的调查对象认为加班与受重视密切相关，因此，自然就不会承认加班时的工作效率会下降。

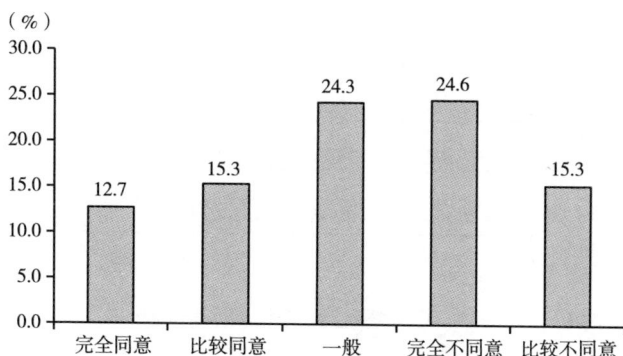

图 5.19　加班时工作效率不高

（5）加班导致没有时间发展个人兴趣爱好。如图 5.20 所示，43% 的调查对象认为加班挤占了发展个人兴趣爱好的时间，仅有 24.3% 的调查对象认为加班对发展自己的个人兴趣爱好没有影响。因此，从本次调查看，加班时间挤占了个人发展兴趣爱好的时间，影响到个人的心理健康，造成生活质量的下降。

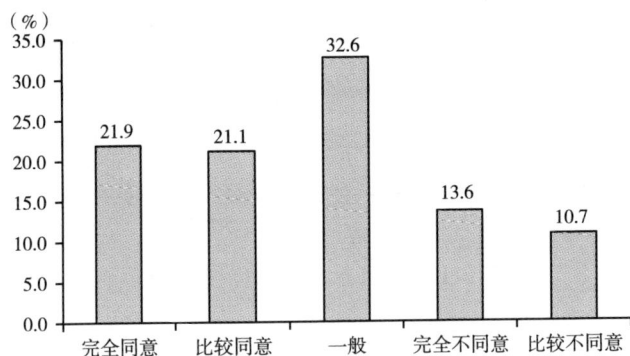

图 5.20　加班导致没有时间发展个人兴趣爱好

（6）加班打乱了个人时间管理，不利于兼顾家庭生活。43.3%，接近五成的调查对象比较同意和完全同意加班会打乱个人时间管理，不利于兼顾家庭生活，对此感受明显；比较不同意和完全不同意的仅占 14.9%（见图 5.21）。因此，从本次调查看，加班时间挤占了个人的休息时间和家庭生活所需的时间，造成了工作和生活的失衡。

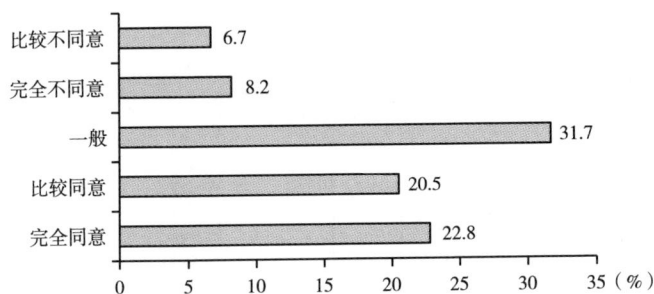

图 5.21　加班打乱了个人时间管理

5.3.7　调查对象的自我维权意识和维权能力分析

本次调查研究除了对北京和上海地区建筑、房地产业的中、高级管理者的加班状况进行基本数据分析之外，还对调查对象的自我维权意识、维权能力也进行了数据分析，主要从以下几个角度进行研究和探讨。

（1）加班时间身体出现健康问题，单位的补偿情况。统计结果如图 5.22 所示。即使是企业的中、高级管理者，在加班时间身体出现了健康问题，仍有44.9%的调查对象所在企业没有任何补偿；能给予全额补偿，和正常工作时间一样的不足 40%；还有 22.0% 只给予部分补偿，比正常工作时间低。如此高的无补偿比例一定会影响到员工对企业的忠诚度，以及和谐劳动关系的建立，也说明企业对构建和谐劳动关系的观念淡薄和法律意识的淡漠，甚至完全不作为，同时也说明，我国的相关法律亟待完善。

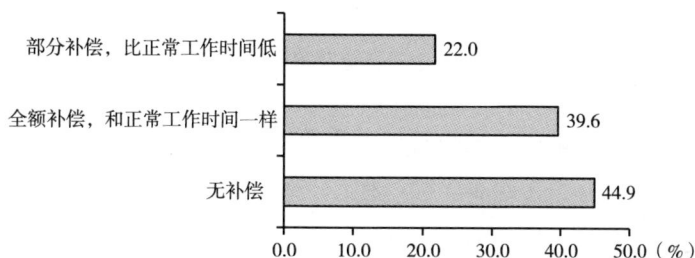

图 5.22　单位对加班时间出现健康问题的补偿情况

（2）单位对加班的一般补偿方式和您最期望获得的补偿方式。统计结果如图 5.23 所示，调查对象所在企业的 43.4%，接近五成首选采取调休的方式对加班给予补偿，其次 33.6% 的企业采取薪金酬劳的补偿方式，以年终奖金的方式给予补偿的仅 11.6%。

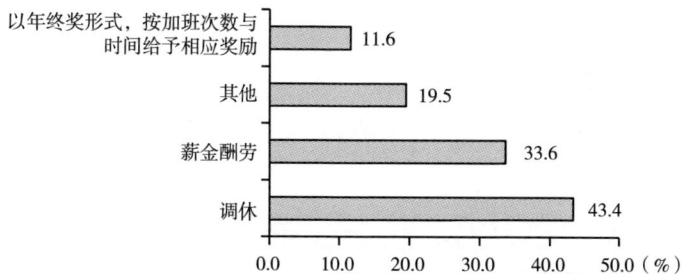

图 5.23　单位对加班的一般补偿方式

但是调查对象最希望的加班补偿方式却不是调休，而是薪金酬劳，比例超过了50%，数据统计结果如图5.24所示，仅有25%的调查对象希望通过调休的方式对加班给予补偿，最后是希望以年终奖金的形式给予补偿的仅为17.3%。

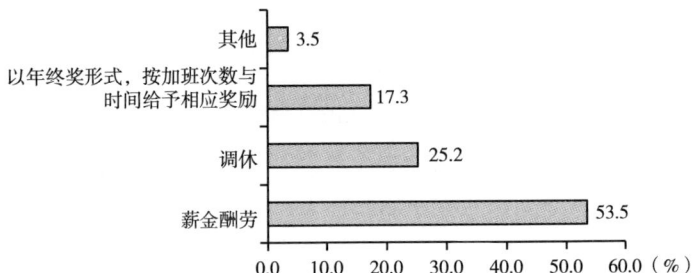

图5.24　您最希望获得的补偿方式

通过比较被调查的中、高级管理者最希望的补偿方式的统计结果，我们发现，企业管理制度与员工需求之间的错位，企业的管理制度缺少以人为本的理念，会影响到企业和谐劳动关系的构建，当然，我们也不排除企业的制度设立存在着缩减人工成本的动机，员工的诉求与利润相比，后者永远是企业首先考虑的因素，经济人假设充分证明了企业逐利的本质。

（3）是否因企业加班严重而曾经采取一些措施解决这一问题。统计结果如图5.25所示，超过90%的调查对象不会因企业加班严重采取解决措施，而是保持沉默，此衡量指标充分说明北京和上海地区的建筑和房地产业的中、高级管理者对加班问题维权意识的淡薄。

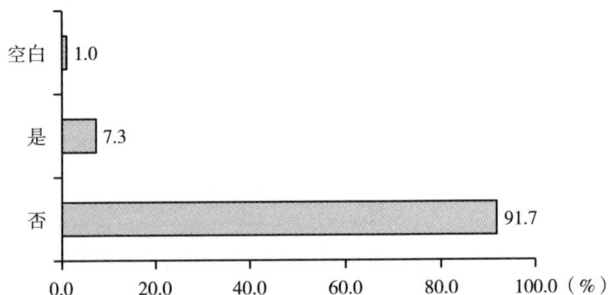

图5.25　对于拖欠或克扣工资保持沉默的原因

（4）所在企业或其他企业违法拖欠或克扣加班工资但员工保持沉默的原因。我们进一步分析员工保持沉默的原因，如图 5.26 所示，23.9% 的调查对象担心影响与雇主的关系，加之加班事实举证困难，维权的胜算很小，为了保全饭碗而只能选择沉默。至于 24.3% 的调查对象是因为数额较小，当事人不在意而选择沉默，与我们所调查的企业 80% 是国企有关。

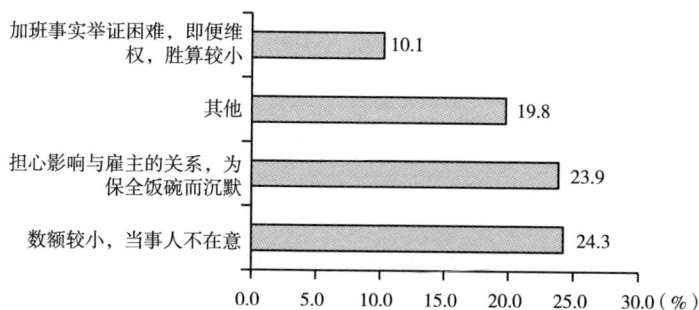

图 5.26　对于拖欠或克扣工资保持沉默的原因

（5）有没有机会和所在单位协商加班费用问题。此指标更加明确地说明了调查对象维权能力极其有限，即使我们的调查对象是企业的中、高级管理者，是企业的中坚力量，仍有 60.1% 的人员没有机会和所在企业协商加班费用问题，能和企业协商加班费用问题的应该只有高级管理者才可能会有这样的机会，与我们的调查对象中高级管理者比例偏少有一定关系（见图 5.27）。

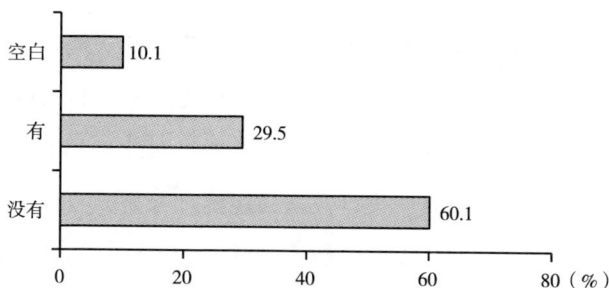

图 5.27　有没有机会和所在单位协商费用问题

（6）通常采用哪种途径来解决加班严重问题。管理者如果因遇到加班问题严重，想要维权，通常采用的解决途径如图 5.28 所示，31.4% 的调查对象会首选自己和领导者或者人力资源部门谈判，25.5%的调查对象会选择求助法律部门，其次是求助劳动部门，最后才想到向工会求助。足见，工会在员工维权方面提供的帮助非常有限，几乎没有发挥应有的作用。

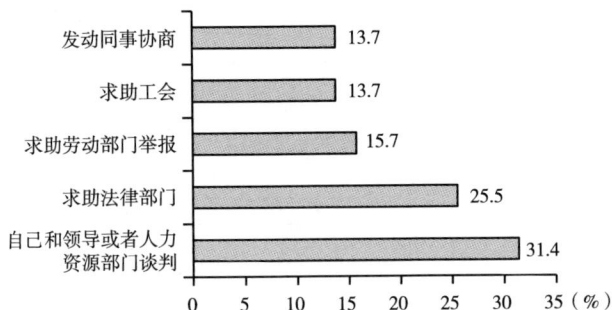

图 5.28　对加班严重问题采用的解决途径

5.4

结论与政策建议

5.4.1　主要结论

目前，我国正处于经济发展的转型时期，GDP 增长率的目标为 7.5%，作为国民经济支柱的劳动密集型的建筑业和资本密集型的房地产业面临巨大的压力，增长趋缓，企业中的中、高级管理者相应地也面临着较大的工作压力，或多或少地面临着延长工作时间的问题。本研究通过对北京和上海地区的中、高级管理者加班状况的问卷调查，进行数据描述统计分析，得出以下结论：

（1）加班时间折射出建筑与房地产业中、高级管理者存在过度劳动的现象。

30% 以上的北京和上海地区建筑和房地产业的中、高级管理者，在工作日（周一到周五）平均每次加班时数为 1~2 小时，20% 以上加班时数为 2~3 小时。30% 以上的北京和上海地区的建筑和房地产业中、高级管理者，至少在工作日（周一到周五）要加班 1 天，16% 以上的中、高级管理者要至少加班 2 天，甚至还有每天都加班的管理者。总体而言，超过五成的北京和上海地区建筑和房地产业的中、高级管理者面临不同程度的加班问题，加班时间不等，存在着过度劳动的现象①②。而且，将近 75% 的调查对象都属于被迫加班，而非自愿加班。

（2）北京和上海地区建筑房、地产业的中、高级管理者工作状态堪忧。

超过 50% 的调查对象觉得自己的工作强度超过了自己的正常承受程度。男性中、高级管理者的工作强度略高于女性中、高级管理者；上海地区建筑和房地产业的中、高级管理者的工作强度普遍要高于北京地区建筑和房地产业的中、高级管理者；中共党员的中、高级管理者的工作强度要略高于非党员的中、高级管理者；民企的中、高级管理者的工作强度明显高于国企的中、高级管理者；从事项目管理/事业部管理的中、高级管理者的工作强度最大，从事财务/行政/人事等的中、高级管理者的工作强度最小；研究生学历的中、高级管理者的工作强度最大，略高于其他学历的中、高级管理者，中专学历的中、高级管理者工作强度最小，而大专学历的中、高级管理者的工作强度却高于本科学历的中、高级管理者；其他职业差异不大。

此外，超过 70% 的人都会不同程度的在非工作时间里因工作的事情而感到焦虑。超过 60% 的人会经历因为工作时间太长而没有时间做家务和进行其他活动的情况，工作时间过长挤占了做家务和进行其他活动，如健身、社交、看父母和朋友等活动的时间，工作状态堪忧。

（3）上下班交通时间较长，加大了中、高级管理者的工作强度。

几乎一半的北京和上海地区的建筑和房地产业的中、高级管理者，平均每天上下班共用时间不低于 2 小时（按 5 天工作日计算，周平均每天上下班交通时间为 10 小时），32.5% 的中、高级管理者平均每天的上下班交通时间为 1 小

① 王艾青. 过度劳动及其就业挤出效应分析［J］. 当代经济研究，2007，（1）.
② 过度劳动：目前中国很多行业劳动力的小时工资水平过低，大大低于标准水平，这种过低的小时工资水平迫使劳动者延长劳动时间，从而出现了过度劳动，过度劳动又导致了以日计量的工资水平的提高。

时。交通拥堵的问题在北京和上海显得尤为突出，管理者花费于上下班交通时间过长，挤占了员工的休息时间，使得上下班交通时间成为造成管理者疲劳的一个不容忽视的影响因素，加大了管理者的工作强度和工作压力，容易产生心理上的焦虑感。

（4）加班打乱了个人时间管理，挤占生活时间，造成工作和生活的失衡。

43%的调查对象认为加班挤占了发展个人兴趣爱好的时间，接近五成的调查对象比较同意和完全同意加班会打乱个人时间管理，挤占个人休息时间和家庭生活时间，不利于兼顾家庭生活，造成了工作和生活的失衡。

（5）中、高级管理者缺少自我维权意识，维权能力薄弱。

超过90%的调查对象不会因企业加班严重而采取任何解决措施，只是保持沉默，究其原因是23.9%的中、高级管理者主要担心影响与雇主的关系，加之加班事实的举证困难，维权的胜算很小，为了保全饭碗而不得不选择沉默。还有24.3%的调查对象是因为加班薪酬的数额较小，当事人不在意而选择沉默，这与我们所调查的企业80%是国企有一定关系。而且超过六成的中、高级管理者根本没有机会和所在企业协商加班费用问题。这些数据都充分说明了管理者自我维权意识的淡薄和维权能力的薄弱。

（6）企业缺乏构建和谐劳动关系的观念，相关劳动法律不健全，亟待完善。

调查对象中将近50%的中、高级管理者所在企业，员工在加班时间身体出现了健康问题时，得不到任何补偿，还有22.0%的企业只给予部分补偿，比正常工作时间要低。以上数据充分说明，北京和上海的建筑、房地产企业不重视构建和谐劳动关系，甚至完全不作为，相关法律规定需要尽快补充和完善。

5.4.2 对策建议

在翔实的数据统计分析得出的结论基础之上，透过北京和上海的建筑、房地产业的中、高级管理者的加班现状，为解决中、高级管理者出现的过度劳动问题，我们提出以下主要对策建议。

（1）修订和完善劳动立法，加大执法力度。

我国《劳动法》的修订和完善可借鉴美国法律，对哪些时间应该被纳入工作时间的范畴，应有比较详细的规定。须明确并非只有雇主要求的工作才是上班，雇主允许的工作也是工作时间，而且必须支付工资；因工作需要必须等待的时间也是工作时间；工作期间短时间的休息也必须算是工作时间；值班不超过 24 小时的职工即使在值班期间可以睡觉或做私事，也必须按工作时间对待。还须明确规定介于工作时间和休息时间的中间状态的时间是否属于工作时间，如午餐时间、值班时间、待命时间、晨会时间、培训时间、工间歇息时间，尤其是目前争议比较大的为完成工作任务的应酬时间等，应该如何界定，是否应归为工作时间，也须做出明确的条文规定。

此外，日本把"过劳死"列入了工伤范围，我国的《劳动法》也应该对加班时间出现健康问题是否属于"工伤"给予明确规定，同时对是否应给予全额补偿也要做出明确的立法规定。对违反规定的企业必须加以严厉的制裁，加大执法力度，一定程度上也会缓解劳资矛盾，对构建和谐劳动关系起到促进作用。

（2）增强工会解决加班严重问题的功能作用。

关于管理者"通过采用哪种途径来解决加班严重问题"的调查结果如下：31.4% 管理者在维权的途径上会首选"自己和领导者或者人力资源部门谈判"，25.5% 的调查对象会选择求助法律部门，其次是求助劳动部门，最后才想到向工会求助和发动同事协商，仅为 13.7%。可见我国工会在解决加班严重问题方面的功能极其有限。而西方国家的工会在缩减工作时间，争取工人劳动时间下降的过程中，却扮演着重要角色。因此，我国工会解决劳资矛盾和缓解不和谐劳动关系的功能作用需要不断增强。目前，北京工会已专门设立了"北京工会法律援助"微信公众号，是进步的体现。

同时笔者建议设立专门的、职业化的第三方机构，可作为工会的重要补充，制定具体措施，帮助缓解中、高级管理者的工作压力，解决因工作时间延长产生的健康问题，甚至为劳动者提供法律援助。

（3）提高建筑、房地产业的中、高级管理者的自我维权意识和自我维权能力。

前文的数据分析表明，我国北京和上海地区的建筑、房地产业的中、高级管理者在面临工作时间过长和过度劳动的问题时，缺少自我维权意识，同时维权能力相当薄弱，因此，需要加强自我的维权意识，提高自我的维权能力，熟悉法律的相关条文规定，以保护自己的合法权益。还需要改变加班是受到领导重视、体现自我价值的传统的工作观念，树立正确的加班观念，明确加班是效率低下、自身能力不足的体现。

北京和上海地区的建筑和房地产业的中、高级管理者的加班现状调查研究，反映了目前建筑和房地产业的劳动关系的现状，表明过度劳动现象的存在，以及建筑和房地产业的骨干和精英的身心已处于亚健康状态，这种情况将会造成工作效率降低、影响企业的经济增长等不良后果，而且这已成为一个不容忽视的社会问题，因此，本研究具有重要的现实意义和应用价值。

第**6**章

新经济下劳动力市场职业教育
培训存在的问题与对策

——以第三代农民工为例

李克强总理在 2016 年 2 月 3 日主持召开国务院常务会议的会上强调，一些国家已经在利用颠覆性技术进行新一轮技术革命，我们也要紧紧跟上这一潮流，推动中国制造智能化和网络化，增强实体经济新动能。在新经济背景下，我国的经济结构不断进行调整优化升级，正在向制造强国迈进。在这个过程中，大批高级技能型人才做出了重要贡献，迫切需要劳动力市场的职业教育培训能满足高技能人才数量和质量提升的需求。近年来，政府以及社会各界对职业教育培训持续关注。2014 年国务院下发的《关于加快发展现代职业教育的决定》中，提出了对职业教育进行重大部署，对于深入实施创新驱动发展战略，创造更大的人口红利，加快转方式、调结构、促升级具有重要意义；对加快构建职业教育体系、激发职业教育办学活力、提高人才培养质量以及提升发展保障水平等各方面做出了重要指示。

厉以宁（2012）提出了新人口红利的说法。他认为，一国在发展的过程中存在新旧人口红利的替代过程，经历廉价劳动力红利、技工红利、高级技工红利和专业人才红利的转换过程。一方面，相对于后起发展中国家而言，尽管我国工资水平高一些，但是将因进入技工时代而实现成倍的劳动效率提升，保持了劳动力成本优势；另一方面，相对于发达国家而言，中国技工的工资依然比较低廉，成本优势依然存在。这样，技工时代将让中国的发展具有自己的优势，"新人口红利"也将由此产生①。要实现中国智造，获得高级技工红利和专业人才红利是大势所趋。第三代农民工，普遍接受九年义务教育，价值观较上一代有明显不同，对城市的归属感更强，自我意识开始觉醒，从维护自身利益到维护自身权利的意识逐渐增强，对提高职业技能也有深刻的认识和决心。但由于我国职业教育起步晚，近几年国家虽然大力投入，但在地方具体实施政策和劳动力市场现状上还比较混乱。因此，本章的调查研究从政府、培训机构和学校，以及企业三个视角出发寻找突破点，为我国的职业教育培训发展提供政策建议。

第三代农民工作为典型的劳动者群体已经步入政府、专家和学者的视域，第三代农民工的职业教育培训现状反映企业对该群体的尊重和重视程度，也是反映企业劳动关系的重要指标。

2010 年 1 月 5 日，时任农业部长韩长斌曾明确提出"第三代农民工"开始走上历史舞台。陈兴中（2011）指出，第三代农民工是 20 世纪 80 年代末至 90 年代初出生在城市或从小生活在城市的农民工，农民是其户籍身份，工是指其职业属性。第三代农民工也是继第一代农民工、第二代农民工后中国工人中出现的一个新群体，数量庞大，在当前我国经济结构转型升级中扮演着重要的角色。准确地说属于新生代农民工的一部分，新生代农民工主要指出生于 20 世纪 80 年代以后、年龄在 16 岁以上、在异地以非农就业为主的农业户籍人口，而第三代农民工则是 80 年代末 90 年代初出生的农民工人群，年龄在 16 ~ 30 岁之间。目前，针对新生代农民工的职业培训教育研究比较多，但是以第三代农民工为特定研究对象的文献相对比较少见。

6.1

职业教育培训的必要性

刘华学（1995）就曾提出，大批农村劳动力进入城市，很大程度上缓解

---

① 厉以宁. 西方城市化在中国行不通新人口红利显现 [J]. 中小企业管理与科技（中旬刊），2013（2）：16.

了城市劳动力不足，也推动了农村剩余劳动力的转移，但是大量的农村劳动力普遍缺乏一定的文化素质、职业技能和法律意识，这也给城市管理带来了一系列难题①。因此，加快城镇化发展，一项迫在眉睫的重任就是对进城的农民工开展文化教育和职业培训。第三代农民工普遍接受了九年制义务教育，受教育程度多数为高中或技工，甚至大专，人力资本水平较老一代农民工有较大提高，但职业技能方面还有所欠缺，尤其是农业技能。因此，加快第三代农民工劳动力市场的职业教育培训有利于我国人力资本的积累，有利于人力资本水平和就业质量的提高，也有利于提高产品和企业的核心竞争力。第三代农民工已成为我国现代化建设的重要力量，要想迈向制造强国，第三代农民工的职业教育培训不容忽视，培训有助于提高其工资性收入，有助于获取高级技工红利，有助于构建和谐企业劳动关系，具有十分重大的现实意义。

6.2

农民工年龄结构与职业教育培训

早在 18 世纪，古典经济学理论体系的创始人亚当·斯密就认为，工人提升其社会资本的重要手段就是接受教育和培训。他在《国富论》中说到，经济体制的构建要保障个人的生存和发展的基本原则，如果个体能够得到充分实现自我，那社会整体才能得到快速发展②。国外诸多学者针对劳动力转移进行了大量的理论和实践研究，形成了相对完整的理论体系。1959 年唐纳德·博格（Donald J. Bogue）在《国内迁移》一文中提出人口由贫困地区（农村）向发达地区（城市）转移的"农村推力—城市拉力"理论，深入研究了人口地区迁移的决定性因素。20 世纪 60 年代，美国经济学家贝克尔确定了人为资本理论的一般分析框架与理论基础，深入剖析了不同经济利益主体的人力资本投资行为，并考察了人力资本投资最优化问题，进一步分析了正规学校教育和在

---

①　刘华学. 培训教育农民工不容忽视［J］. 中国培训，1995（7）.

②　亚当·斯密. 围富论［M］. 郭大力、王亚南译，上海：三联书店，2009：53.

职培训在人力资本之间的不同。

我国学者对职业教育培训的研究起步较晚。赵延东等（2002）对我国城乡流动人口的经济状况及决定因素进行了调查研究，结果表明城乡流动人口的人力资本含量对其经济状况具有显著的影响，其主要体现为正式教育与职业技能培训的作用。与没有接受过职业技能培训的农民工相比，受训农民工的人均收入要高出近一倍①。谢正勤等（2006）对江苏省经济欠发达地区的农民工进行了调查，数据表明受训农民工的平均收入为9076.41元，高于未接受过职业技能培训的农民工2535.28元②。通过比较发现，受过职业技能培训的农民工更容易在制造业、服务业领域就业，特别是职业技能培训对成为制造强国的产业工人具有显著的影响。

根据国家统计局发布的《2016年农民工监测调查报告》的数据显示，2016年全国农民工总量达到28171万人，其中属于第三代农民工范围的16～30岁的农民工占总人数的31.9%。新生代农民工一共占比将近53.9，数据显示，第三代农民工已成为新生代农民工的主体。具体数据如表6.1所示。

表6.1　　　　　　　　　我国农民工年龄构成情况　　　　　　单位：%

年龄结构	2014 年	2015 年	2016 年
16～20 岁	3.5	3.7	3.3
21～30 岁	30.2	29.2	28.6
31～40 岁	22.8	22.3	22.0
41～50 岁	26.4	26.9	27.0
51～60 岁	17.1	17.9	19.2

资料来源：2016 年农民工监测报告。

2015年和2016年在农民工总人数中曾接受过职业培训的农民工占比分别为30.8%和30.4%，其中本地农民工2015年和2016年接受农业技能培训的占比分别为10.2%和10.0%，外出农民工接受农业技能培训的占比分别为

---

① 赵延东. 城乡流动人口的经济地位获得及决定因素 [J]. 中国人口科学，2002 (4).
② 谢正勤等. 农村劳动力的流动性与人力资本和社会资源的关系研究——基于江苏农户的调查研究和实证分析 [J]. 农业经济问题，2006 (8).

7.2％和7.4％，如表6.2所示。培训的占比明显少于非农业培训的占比。以上数据中接受培训的农民工大幅低于本章对第三代农民工抽样调查接受培训的比例66.7％，不足其二分之一。可见，作为新生代农民工主体的第三代农民工参与职业培训的比例远远高于老一代农民工。即使是老一代农民工接受农业培训的比例也要明显低于非农业技能培训的比例。第三代农民工由于长期接受教育，很少务农，因此农业技能更低。他们更希望在城市有一份稳定的工作，成为城市公民，对城镇的归属感更强。

表6.2　　　　　　　　　　全国农民工接受技能培训情况　　　　　　　　单位：％

年份	本地农民工接受技能培训	外出农民工接受技能培训	本地农民工接受农业技能培训	外出农民工接受农业技能培训
2015	30.8	35.4	10.2	7.2
2016	30.4	35.0	10.0	7.4

资料来源：根据国家统计局数据整理。

6.3
第三代农民工职业教育培训现状与存在的问题

为了更清楚地了解第三代农民工的职业教育培训情况，由于缺乏具体的统计数据，因此，本研究对第三代农民工这一特定人群进行了问卷调查。问卷统计情况如表6.3所示。

表6.3　　　　　　　　　　调查问卷统计情况

投放方式	发放问卷数量	有效问卷数量	有效率
网络投放	240	210	87.5％

6.3.1　第三代农民工接受职业教育培训的频度

第三代农民工参加职业教育培训的频率反映了其对职业教育培训的重视程

度，也是其对职业教育培训需求的反映。通过统计分析数据显示，参与一次培训的第三代农民工占 42.86%，参与两次以上的占 19.05%，参与三次培训的占 4.76%，没有参与过培训的第三代农民工占 33.33%，如图 6.1 所示。在被调查的 210 个第三代农民工的有效样本中曾参与过职业培训的有 140 人，占总数的 66.7%。具体数据如图 6.1 所示。通过分析统计数据发现，第三代农民工接受职业教育培训的频度不高，参加过一次培训的比例最高，参加三次以上职业教育培训的比例最少，还不足 5%。值得说明的是，由于受客观条件限制，此次调研样本量不够充足，后续的调研中，会继续扩充样本量，统计数据结果会更加有效。

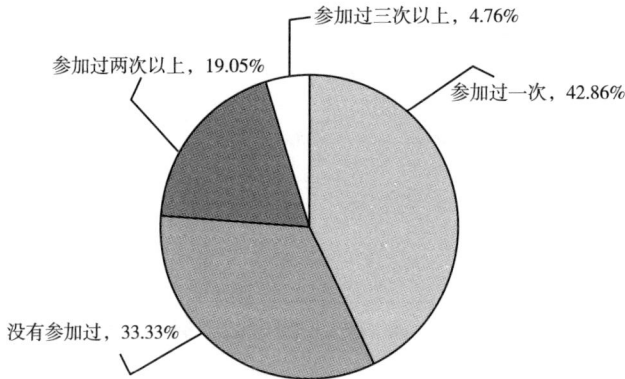

图 6.1 第三代农民工参加职业培训频率

6.3.2 第三代农民工职业教育培训的经费来源

从参与职业培训经费投入来源看。依据图 6.2 数据显示，在参与职业培训的第三代农民工中，自费比例最高，由网络函授加上自费到培训机构（学校）培训的达到了 78.58%，其次为政府免费提供占 21.43%，工友技术交流占 7.14%，企业统一组织只占 7.14%。

关于职业培训经费的来源，各国情况各有不同。美国劳动力的职业培训支出来源也是以自费为主，根据月度人口调查数据（CPS），14.7% 的学校培训

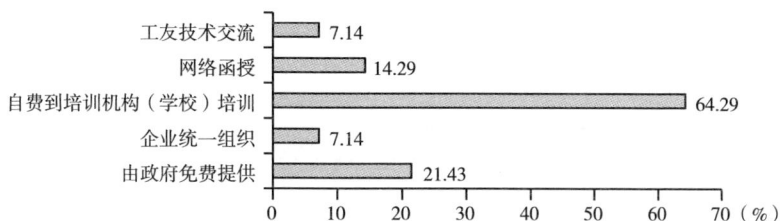

图 6.2　第三代农民工职业培训经费来源

支出收到雇主全部或者部分的资助，政府资助项目主要通过工作培训合作法案来支持，对企业培训的资助覆盖面为 4.4%，对中等以上学校培训的资助覆盖面为 3.4%。不过，德国则明显不同，职业培训支出的大部分来自于政府和雇主（Winkelmann，1997），占总支出的 75%，其余 25% 的经费主要来自社会公益资助以及学生学费。就我国的情况来看，自费比例占主导部分且第三代农民工对自费培训的热情明显高出总体水平，更高于老一代农民工。这是因为第三代农民工职业培训的主要途径的选择是社会私人培训机构，收费较高，在质量上相比政府组织的短期技能培训也有保障。

6.3.3　第三代农民工职业教育培训主要内容

在职业教育培训内容上，第三代农民工接受技能培训的占 50%，根据图 6.3 所示，还有 42.86% 的第三代农民工接受了安全知识培训，然后是接受自主创业培训的有 28.57%，接受思想道德教育的有 14.29%，接受法律知识培训的有 14.29%。徐卫（2014）在对新生代农民工的调查中发现 90% 以上的新生代农民工受到的是技能培训[①]。因此，相比上一代农民工，第三代农民工在技能培训方面明显下降。职业培训的中心向另外的方向有所倾斜，这主要是职业素养的整体提高，推动了劳动力市场逐渐放弃了单一的职业技能标准，而是在保证职业技能提高的前提下也注重综合竞争力的提升。

---

① 徐卫. 新生代农民工职业培训研究［D］. 武汉大学，2014.

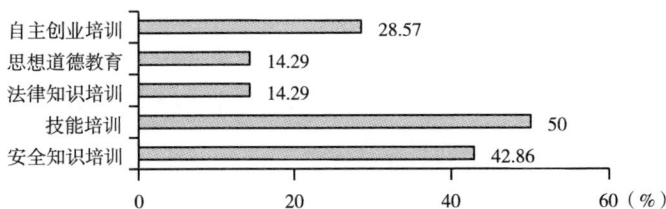

图 6.3　第三代农民工职业培训内容

6.3.4　第三代农民工职业教育培训效果评价

在第三代农民工职业技能等级培训方面，依据本次调研数据显示，其中有33.33%的第三代农民工属于初级技工；9.25%的第三代农民工属于中级技工；14.29%的第三代农民工属于高级技工；4.76%的第三代农民工属于特技技工；而无任何职业技能等级的第三代农民工占比为38.1%（见图6.4）。

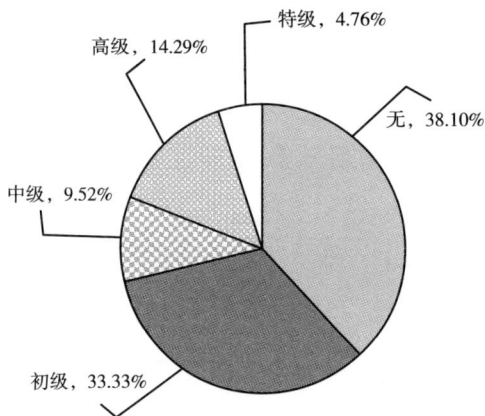

图 6.4　第三代农民工职业技能等级占比情况

与关睿（2014）针对上海康桥地区老一代农民工的调研数据（见表6.4）比较分析来看，第三代农民工的职业技能因参加劳动力市场的培训有所提高，因拥有相对较好的教育基础，以及年龄、生活环境和学习能力等优势，第三代农民工较老一代农民工更加注重提高自己的职业能力，有意识地参加职业教育培训，有较高的职业追求，以提高自己的人力资本水平。同时也反映出劳动力市场的职业教育培训作用明显。

表6.4　　　　　　　康桥地区老一代农民工获得职业技能等级证书情况

等级情况	样本数（人）	比例（%）
高级工（高级技师）	2	0.8
中级工（技师）	5	2.0
初级工	6	2.4
无	235	94.7
合计	248	100

　　分析本次第三代农民工职业教育培训的调查数据可知（如图6.5所示），64.29%的第三代农民工认为培训提高了职业技能和素质，35.71%的第三代农民工认为培训可以增加收入并且增加晋升的机会。相比上一代农民工，第三代农民工更加关注未来的职业生涯规划，关注职业发展前景，价值观与老一代农民工明显不同，老一代农民工大多数只是为了赚钱寄回养家。还有28.57%的第三代农民工认为学习是件好事，说明已经意识到教育培训的现实意义和价值。

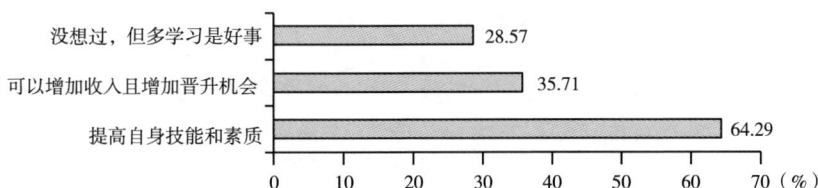

图6.5　第三代农民工对参加职业教育培训的评价

6.3.5　第三代农民工职业教育培训存在的问题

　　（1）第三代农民工收入水平较低。

　　根据国家统计局2012～2016年《农民工监测调查报告》（见图6.6和图6.7），2014年农民工月均收入2864元，较上一年增长9.8%；2015年农民工月均收入3072元，较上一年增长7.2%；2016年农民工月均收入3275元，较上一年增长6.6%。

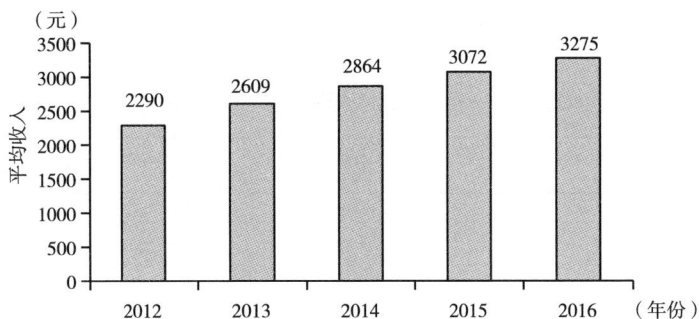

图 6.6　农民工平均收入情况

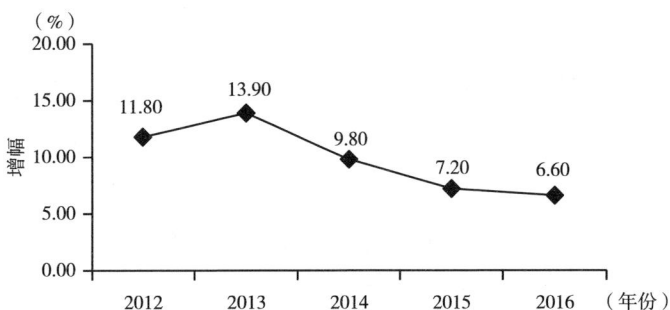

图 6.7　农民工平均收入增幅

可以看出，虽然每年都有一定增长，但是增速明显放缓。在对第三代农民工的调查中发现（见图 6.8），他们的月平均工资在 3500 元左右，还有一半的

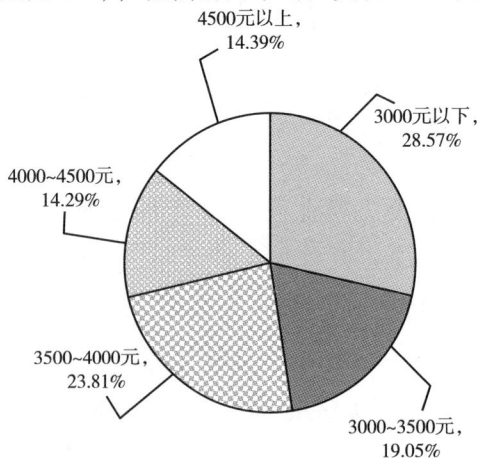

图 6.8　第三代农民工月工资收入

农民工月平均工资不到 3500 元，这已经远远低于全国一二三线城市的平均水平，按 2016 年全国农民工月平均水平，第三代农民工的月平均工资也仅仅略高整体水平，谈不上有很大的优势，之所以他们的职业培训参与率远远高于农民工平均水平，是因为他们很大一部分的经费来源于父母，而不是政府或者企业。

（2）第三代农民工职业教育培训投入不足。

根据 2011 年中华人民共和国民政部的调查显示，在培训机构的平均收费标准下，一个学员培训 3～7 天的费用在 600～1200 元之间，培训 7～15 天的费用在 1500～3500 元之间。结合农民工的收入情况以及培训投入比例，农民工的负担明显过重。因此，第三代农民工的教育培训，更加需要政府创建成熟有效的投入机制，完善国家的职业培训体系；企业应该更加注重社会责任感的体现，以实际行动推动职业教育培训，与员工保持和谐的雇佣关系。

（3）第三代农民工职业教育培训的选择困境。

在第三代农民工参与职业培训的过程中，通过不同类型的职业培训让他们变成拥有不同的人力资本，形成了不同的专业技能机构。随着经济的发展，第三代农民工的职业追求不再是生存型需求，而是转向发展型需求。但是在参与职业培训的过程中，培训支出以自费为主，已经导致职业培训的经费来源结构失衡，政府和企业对培训的投入比例过低，使职业培训难以有效地发展。如果第三代农民工在职业培训中选择针对专业性极强的行业或者企业进行专有性的职业培训，那么肯定会使人力资本具有非常明显的资产专用性特征。假如当他们选择离开这个行业或者企业的时候，其职业技能所具备的人力资产就会大打折扣甚至一文不值，这就会出现一个难以避免的问题，就是如果行业或者企业出现有意压低内部人力资本价值的机会主义行为时，将会难以实现对专用性技能投资的后续保护。如果他们选择的是通用性的职业技能培训，因为技能的通用性，大不了他们可以用脚投票，可以避免企业"敲竹杠"式的投机行为，也增加了劳动力的流动性。但是，这样就破坏了劳动力市场结构的均衡，缺乏专业性人才的同时又导致通用型劳动力的大量涌现，技能型人才的供不应求和供过于求都不利于劳动力市场的健康发展。

总之，因为第三代农民工的职业培训投入经费有限，市场投机行为难以杜绝以及道德问题的不可控制性，在经济结构转型升级的实施过程中，如果没有外来制度的干预，转型过程中的人力资源需求就会超过熟练型和创新型的职业劳动者的增长速度，将会严重阻碍社会职业培训的健康发展。

（4）第三代农民工职业教育培训的组织困境。

组织方式的不合理主要体现在培训方式与培训结构所导致的体制性约束。在现实情况中，包括政府、学校、培训机构以及企业等各部门都意识到了职业培训的重要性，也都有针对各种各样的职业技能要求进行职业培训，但是在具体的实践中，因为大部分投入资金以农民工自费为主，导致社会培训机构变成了主要的行动者。就社会培训机构的性质而言，他们可以是公益性的培训组织或者是以企业形式存在的盈利性组织，这两种培训组织都难以达到较好的效果，他们缺乏一定高度的社会责任，并且缺乏专业的培训教师，因此培训的效果主要取自参与培训的农民工自身学习能力，这就很难达到令人满意的培训效果。

在对第三代农民工的调查中发现（见图6.9），57.14%的农民工认为培训缺乏实践，没有针对性，接着就是政府投资力度不够等问题占比也较高。出现这些问题的根本原因在于各部门之间的行动往往缺乏有效的联系，政府主导型的培训往往组织方式混乱且没有有效的统一，难以发挥各主体间的协调作用，导致培训形式化，缺乏长远的计划，这与第三代农民工的职业诉求往往背道而

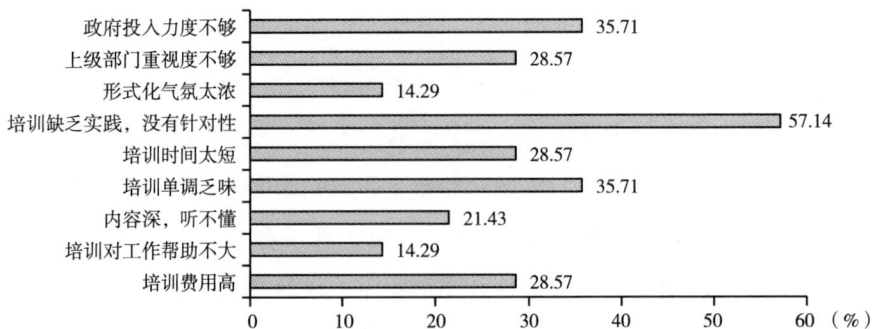

图 6.9　第三代农民工认为培训中出现的问题

驰。而在企业主导型的职业培训过程中，过多的以大班授课，"填鸭式"教学，企图在短期内达到培训目的，使员工尽快地走上岗位，导致了重理论轻实践的情况，忽视了第三代农民工的生理、心理需求，这些都使专业型、创新型劳动力的增长速度难以适应经济转型升级的步伐。

6.4

国外职业教育培训经验借鉴

我国参与职业培训的比例与发达国家相比较而言，还是处于较低水平。根据美国劳工部 1992 年的数据，美国 57% 的劳动力接受过职业培训，远高于我国的 32.9%，最高的是德国，在德国所有 25 岁的全职雇员中，仅仅只有 14% 的员工没有接受过职业技能培训。这也都远远高于我国第三代农民工的 66.7%。因此，比较美、德职业培训的参与率而言，我国第三代农民工职业教育培训虽然处于快速发展之中，但无论从农民工整体还是第三代农民工的职业教育培训参与率还是比较偏低。

6.4.1　英国与德国的职业教育培训行政体制

早在 20 世纪 90 年代英国就发布了《雇佣白皮书》，强调培训必须与地方实际情况相结合，这就增加了承担地方培训义务的地方机构与地方雇主的交流。尤其是中小企业的雇主，对职业培训缺乏一定的积极性和责任感，因此在加强各主体间的联系之下建立了一个互相联系又具有独立性的管理机构（见图 6.10）。这些管理机构是由理事会或者地方企业构成的具有独立性质的私营企业，并由 8 ~ 16 名无薪的董事会成员管理。而提供培训的机构可以是私营部门也可以是公立部门，且各部门之间可以签订培训合同。各部门之间还负责收集并统计当地劳动力市场信息及雇佣模式等，调查了解各经济部门技能的供求情况，目的在于有效地实施培训计划和利用其他的商业服务资源。而在我国，企业对劳动力市场的职业教育培训尚且缺乏积极性和责任感，也没用独立性的管理机构。

英国培训基础结构

教育雇佣部　　威尔士办公室　　苏格兰办公室　　爱尔兰办公室

培训和企业董事会　　7个培训和企业理事会　　苏格兰企业部　　经济发展部

74个培训和企业理事会

培训提供者：商业培训机构、学院、雇主

苏格兰企业　　高地与岛屿企业　　培训与雇佣机构

12个地方企业公司　　10个地方企业公司

培训提供者：商业机构、学院、雇主　　培训提供者：商业机构、学院、雇主

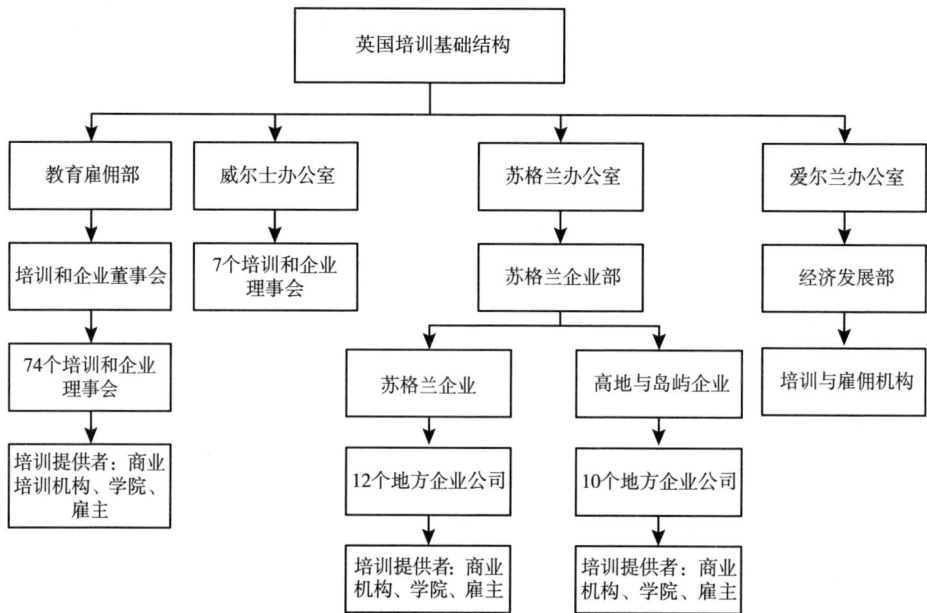

图6.10　英国职业培训管理部门的设计

资料来源：张园园. 新生代建筑业农民工职业培训模式研究［D］. 山东建筑大学出版社，2016.

在制度设计上，德国采取的是"双元制"。"双元制"即以学生在企业接收实践为主，同时部分时间在职业学校接受理论知识学习的职业教育模式。其管理机构是以联邦政府与地方政府合作，建立一个实践发展的平台，具体的实践则由校企合作完成，各部门合作的主要内容包括：构建联邦政府与州政府之间的合作关系；加强职业教育中各主体间的合作；有职业教育专家参与商讨制定职业培训规定以及学校教学计划的决策；促成"职业教育发展的思路、培训规定与课程计划的统一"的培训框架。这些规定不仅从宏观层面对职业教育进行把控，而且由具体的实施过程定位了各主体的职能，有力地保障了职业培训教育的顺利实施。此外，德国还设置了两个辅助管理机构，对企业和学校的培训实践进行有效指导。其一，是联邦职业教育研究所，它是联邦教育与科研部下的隶属机构，接受联邦政府的经济与技术部门以及其他不同行业协会的监督，主要任务是制定企业培训条例，还同时针对企业培训展开研究工作，并协助提高培训质量；其二，是州政府学校发展研究所，其主要职责是在州政府

教育部的监督下，负责学校具体课程的设置①。

6.4.2　英国与德国的职业教育培训内容

英国的培训内容与培训方式与德国明显不同。在英国，政府会制定各个职业资格的统一认证标准，以保证考生各个方面职业技能达到社会需求。考生根据自身需求自行申请相应的职业资格，在申请过程中，考评人员会对考生进行综合测评，包括考生的基本自然情况，过去的工作经历以及接受培训的情况，依据考生的实际情况，帮助其设计考评计划或者培训计划。考生在接受专业的业务培训后，参加考评，考评过程中，如果某一方面的职业技能达不到标准，将根据考生的实际情况继续针对不达标的业务能力进行再次培训，直至最后全面达标后获得相应的职业资格②。

德国在过去的几十年里颁布了多项针对职业教育的法律法规，比较重要的有 1969 年联邦德国由联邦议院通过的《职业教育法》，将职业技术教育确定为国家层面上的教育制度，其次是 1976 年联邦德国通过的《职业训练促进法》，比较细致地规定了在职业教育中一系列的法律法规，对德国职业技术教育的性质、企业和学徒的权利及义务、各种行业的技术标准、考核机制等多项内容进行了明确的规定。

6.4.3　英国与德国的职业教育培训组织方式和资金来源

（1）英国。

英国职业培训的组织方式相较于其他国家比较特殊，职业培训的工作主要由地方政府和地方企业合作完成，由工会实行监督职能，培训机构可以是公立部门也可以是私营部门，都是以企业的形式存在，其生源主要来自考评机构。

① 张园园. 新生代建筑业农民工职业培训模式研究 [D]. 山东建筑大学出版社，2016.
② 邱建华. 英国职业资格证书制度及其培训体系 [J]. 交通高教研究，1998（4）：59 - 62.

考评机构经过对申请职业资格的公民进行详细的考评，包括基础知识和职业能力，然后根据其自身情况安排他们到培训机构进行培训，然后再次进行考评。如果在某些方面达不到标准就会进行"退货"，考生经过重新培训，指导考评通过才能获得相应的职业资格。在生源的培养上，英国将职业教育合并至高等教育中，在英国拥有很多世界级的高等学府，因此政府在高等学府中设立许多职业性的专业，以吸引与鼓励大家参与职业培训，注重职业素养和职业技能的整体提高。

英国在 1992 年颁布《继续与高等教育法案》，根据该法案，设立了统一的教育基金会，并在英格兰、苏格兰、威尔士、北爱尔兰设立地方职业教育基金会，以政府拨款的形式将资金下放到各地的职业培训学校，就学校而言，每个学院的每年经费有 75% 来自职业教育基金会，25% 的经费则是来自校友捐赠或则社会组织赞助。这样政府负担了大部分经费，其余部分也主要来自企业等组织与学校合作形式的赞助出资，减轻了企业与学生的经费负担，有利于各主体参与职业培训的热情和信心。

（2）德国。

德国职业培训以"双元制"的校企合作模式，不仅推动了企业和学校的共同参与和完善了职业培训的组织架构，还形成了以企业为主导，学校为辅的实践与理论相结合的教学模式。"双元制"成为当今世界上职业教育成功的典范，为德国社会输送了大量技术型人才，也为德国经济输入了大量的新鲜血液。

德国职业教育的组织架构是非常严密的，首先是通过法律法规明确地定位了各个部门的职能分工。在"双元制"基础上，将职业教育的教学计划、课程设置以及职业培养目标切实地体现在职业培训的教学过程中，有效地将实践与理论结合起来，通过企业与培训机构之间签订合同的形式，激励了社会对职业教育的热情，使培训效果富有成效。

德国的职业培训是由多部门共同投资、共同承担责任以及共同受益的，根据培训对象的不同，经费投入也有明确的区分，在培训经费的来源中，主要可以分为三种情况。

第一，"双元制"模式下的职业培训经费，主要来自企业的直接资助，但在培训过程中，各级政府都将会根据实际情况通过用部分出资或者税收调整的方式，间接地承担一定经费，减轻企业的负担。第二，对于公立学校的培训费用，很少一部分来自学费，主要来自地方政府的税收，联邦政府则需要负责提供一定的资金和保证生源。第三，私立学校有所不同，其费用通常来自与学校合作的企业或者社会机构及私人赞助，根据实际情况，地方政府也会提供一定的资金帮助。这也就达到了谁收益，谁投入；共同受益，共同投入的有效培训机制。

6.5

对策及政策建议

6.5.1　政府的主体视角

（1）明确政府角色定位。

劳动力市场职业教育培训效果日益凸显，迫使政府在职业教育的地区化和职业化上的功能做出转变，当职业教育规模较小的时候，政府可以有效进行控制，但是当规模迅速扩张，政府的控制职能影响力逐渐变小，不得不由控制模式转变为监管模式。

有效的监管需要政府合理分权，选择性的干预可以有效地帮助职业教育培训的发展。

第一，切合地方实际需求。明确划分中央到地方各部门的职能分工，但又需加强信息的沟通，收集有用的市场信息，利用教育这一公共服务产品，在市场结构转型升级的情况下，有针对性地对职业教育进行宏观控制，制定切合实际的法律法规，用具体实践的引导、保障农民工的职业培训健康发展。

第二，以市场为主要导向。根据市场需求，利用学校、培训机构和市场、企业的关系进行综合管理，把握市场需求，使农民工的职业教育培训在劳动力市场发挥重要作用。

第三，合理进行权力分配。建立完善的权力机构，支持地方政府、培训机构和学校根据实际需求做出合适的决策，但政府必须做好监管的功能，有效的政策是农民工职业教育的有力保障。

（2）建立有效的合作机制。

在我国，职业教育培训的经费主要由第三代农民工自己承担，制约了职业教育培训的健康发展。新经济背景下，原有的职业教育体制已经不适应经济发展。以市场为导向，多主体共同参与，利益共享，风险共担，才能建立有效的管理机构和合作机制。

就组织方式和资金投入机制而言，我国的职业教育培训组织方式过于单一，缺乏各部门合作，信息不对称。培训计划往往只是政府的单向行动，缺乏政府与企业间的合作，也很少问及农民工的自身培训需要，导致了信息的不对称，从而影响了培训效果。政府虽然出台了很多政策也付诸实践，但是效果有限，得不到学员的认可。从企业的投入方式来看，他们往往不敢投入太多，主要是因为我国的很多中小型企业出于自身发展的局限性，难以承担职业教育培训的社会责任。因此，政府应该做的工作是要将政府、企业、培训机构或者学校有效地结合起来，建立合理的资金投入机制，以吸引各方积极参与，以满足农民工职业教育培训的实际要求。

6.5.2 企业的主体视角

（1）转变企业对员工的价值判断。

随着经济结构的转型升级和向制造强国迈进的进程中，大多数企业意识到了人才的重要性，但是很多企业在面对职业培训时往往变得小心翼翼，尤其是民营企业，考虑到人力成本问题，很少重视对员工的培训，企业在职业教育培训的投入资金较少。第三代农民工的需求已不再是老一代农民工所追求的金钱价值，他们更加注重自身社会价值的实现，少了一份生存需求，多了一份精神需求。因此，企业人才培养的观念必须跟随农民工的需求而转变。

要转变企业对员工的价值判断，不应再把员工视为人力成本的消费，而应视为创造价值的源泉。培训中心根据农民工的实际需求提供有意义的培训，从企业长远利益出发，将提升企业的核心竞争力融入培训过程中。还应建立合理有效的保障机制。农民工往往因为自身因素的限制，对参与培训没有持续计划，培训效果会大打折扣，考虑到企业的可持续发展，需要为农民工制订有效的、有保障的培训计划，保证培训成果。

（2）多元化培训方式，健全激励机制，扩大培训成果。

建立有效的激励机制对职业培训的效果往往有很大的推进作用，企业在建立培训制度过程中，应该切合农民工实际需求，采取实际鼓励策略和物质奖励等，加以多元化的培训方式，将农民工的利益与企业利益结合在一起，促成职业培训的双赢策略，达成互相信任的局面。

在实际情况中，企业应该首先加强宣传力度，鼓励农民工参与培训；其次是注重信息的收集，及时有效地了解农民工的培训意愿，进行培训需求分析，制订培训计划，将企业的未来与员工的未来结合在一起，鼓励更多的农民工参加职业教育培训。

6.5.3　培训机构的主体视角

（1）改进培训方式。

借鉴德国的培训方式，推动培训机构与企业合作，企业提供机会让学生进行实践学习，同时辅以理论教育，会有效提高第三代农民工的就业能力，对农民工的整体素质提高也非常有利，提高了第三代农民工的就业能力。授课时间采用弹性制，或者组成多时间段的授课班，让第三代农民工能有效利用业余时间进行学习。

（2）加强师资队伍建设。

师资的安排也应该与实际相结合。加强培训机构间的合作，实行师资共享，教师共享有利于减少不必要的师资浪费。师资队伍应由双师型教师组成，聘请企业中有丰富实践经验的技术人员做培训师。鼓励缺乏实践经验的教师进入企业实践，结合自身的理论知识，达到理论与实践高度融合，以增强职业教育培训的效果。

第 7 章

构建和谐劳动关系三方协商机制研究

政府、企业、工会是劳动关系的直接相关方，建立健全三方协商机制对于和谐劳动关系的构建，具有非常重要的作用。三方协商机制也是解决企业劳动关系问题的重要途径。当前，由于我国工会的代表性不足，政府的资本偏向等原因，三方协商机制的效果并未完全体现出来。本部分首先从三方机制的理论出发，阐述国内外三方机制形成的过程及其演变的原因。然后分析中国经济新常态下三方协商机制的特点，以及存在的主要不足，最后提出构建和谐劳动关系三方协商机制的框架。

7.1
劳动关系三方协商机制的演变过程

7.1.1 国外三方协商机制的形成过程

（1）工会的产生。

在西方工业革命初期，随着雇佣工人数量的迅速增加，劳资矛盾也日益尖锐，工人自发性的罢工运动风起云涌。为了增强自身谈判的力量，一些工人团体应运而生。但工会的合法性却一波三折，大致经历了禁止、限制和承认三个时期。早在工业革命初期，大多数国家都把组织工会视为犯罪，并明令禁止工人成立工会。随着工人运动的高涨，一些西方国家不得不在法律上承认工会的合法性，但同时又对工会的活动加以限制。1871 年，英国政府迫于工人斗争的压力，为缓和劳资矛盾，颁布了世界上第一部《工会法》，规定不得认为工会活动可能阻碍工商业发展而视为非法组织。此后，一些西方国家相继颁布了有关承认工会地位的法律。法国于 1884 年制定了《职业团体法》，撤销了限制工会活动的法律，明确规定工会为法人，并从法律上确认工会的权利。德国于 1908 年制定了《结社法》，规定人民如无违反刑法的目的则拥有结社权。

（2）雇主组织的形成。

随着工会组织的不断发展壮大，雇主也逐步建立和发展起雇主组织（employer organization）。雇主组织是指由雇主依法组成的，旨在代表、维护雇主利益，并努力调整雇主与雇员以及雇主与工会之间关系的团体组织。雇主组织建立的宗旨和目标是维护雇主利益，建立协调的劳资关系，促进社会合作。在 19 世纪中叶，英国开始有了全国性的行业雇主协会，其他欧洲国家全国性雇主组织大多是在 19 世纪末和 20 世纪初建立的。英国最大的雇主组织是英国工业总会（Confederation of British Industrialists），活动范围包括社会、劳动和经济事务，1965 年根据皇家宪章，由英国工业联合会、英国雇主总会和英国制造业者协会合并成立的一个独立的、非营利的、非政治组织，代表所有部门的各个机构和公司，比如工程、保险、制造、电子、金融服务和农业。会员从中小企业直到大型跨国公司，还包括媒体和大学，目前共有超过 25 万的会员。德国雇主协会总会的前身是 1913 ~ 1934 年的德国雇主协会联合会。如今，德国雇主协会总会已经被认为是德国私人雇主在联邦和国际上的代言人，是国际雇主组织、欧共体工业联盟和工商业咨询委员会的成员，在国际劳工组织活动中代表所有德国雇主。不仅如此，1920 年国际雇主组织（International Organization of Employers，IOE）成立，它是目前国际上在社会和劳动领域代表雇主利益的国际组织，成员由世界各国国家级的雇主联合会或其他形式雇主组织组成，现有包括非洲、美洲、亚太、欧洲四个区的 136 个成员。

（3）政府态度的转变。

在工会组织产生的初期，西方的一些国家政府一度持反对打压态度。在允许结社自由之后，又经历了一段放任自由的阶段，也即劳资冲突由当事双方自行谈判解决，官方不予干涉。实际上，在打压工会组织的时期，政府这种所谓的不干预政策就是对雇主的一种偏袒。由于罢工频繁的罢工运动不仅影响到雇主企业的正常生产经营，实际上也会对社会稳定产生不良影响。有鉴于此，一些国家的政府在 19 世纪末 20 世纪初开始逐步介入工会与雇主的谈判之中。

（4）三方协商机制的正式形成。

国际劳工组织（International Labour Organization，ILO）是一个以国际劳工标准处理有关劳工问题的联合国专门机构。1919 年，国际劳工组织根据《凡尔赛和约》，作为国际联盟的附属机构成立。根据国际劳工组织 1976 年 144 号《三方协商促进国际劳工标准公约》规定，三方机制是指政府、雇主和工人之间，就制定和实施经济与社会政策而进行的所有交往和活动。即由政府、雇主组织和工人代表通过一定的组织机构和运作机制共同处理所有涉及劳动关系的问题，如劳动立法、经济与社会政策的制定、就业与劳动条件、工资水平、劳动标准、职业培训、社会保障、职业安全与卫生、劳动争议处理以及对产业行为的规范与防范等。

7.1.2 国外三方协商机制模式比较分析

7.1.2.1 美国模式：相对弱势工会及其形成过程

（1）相关文献综述。

美国工会组织从 19 世纪中后期到 20 世纪中期，发展到其鼎盛时期。工会会员的绝对数量一直在增加，它不仅大幅度地提高了产业工人的工资、福利待遇和改善了工作条件，同时也是帮助美国经济走出低谷的直接原因。另外，工会还能够从整体上缩小收入不平等。受美国经济结构转变以及罢工作用下降等因素的影响，尽管美国工会组织从 1955 年开始呈现衰退趋势，影响力也有所下降，但是其在经济运行以及政治生活中仍然发挥着非常重要的作用。

影响美国工会组织衰退的原因有很多，但是大部分国外学者都认为国内经济结构的转变是美国工会组织衰退的一个重要原因。其中比较有代表性的是埃明·M. 迪勒森和杰里米·格林伍德（Emin M. Dinlersoz & Jeremy Greenwood，2012）基于美国工会实际运行的大量数据做的实证研究，其结果发现，在 20 世纪美国工会组织成员人数呈现出倒 U 形发展趋势，然而收入分配却呈现出正 U 形的趋势，并且设计了一个工会模型分析了这一现象①。一个企业的资本，加上雇佣的熟练和非熟练工人，工会化的成本就非常高。一个工会组织可以决定有多少企业可以组织工会及其工会成员的工资率。这个模型规定，相对于非技术工人来说，对技术工人需求偏向的技术变革影响技术工人的生产力，这个结论解释了以上的事实。他们的研究结果认为，对技术工人需求偏向的技术变革是去工会化趋势的一个重要因素。

威廉·T. 迪肯斯和乔纳森·S. 伦纳德（William T. Dickens & Jonathan S. Leonard，1984）通过实证研究，解释了是哪些因素导致了 20 世纪 70 年代工会组织整体上的下降以及进一步恶化的趋势，认为工会组织人数的净增长归因于经济因素。他们研究发现，除了选举中的政治活动和对议员进行游说的成功或者被禁止这个原因，其他各方面的因素都能解释工会组织会员数量的下降。此外，各个因素之间的相互作用也非常重要。一个重要的发现是，当工会组织活动及其成功率随着时间一直呈下降趋势时，工会组织会员人数净增长（或减少）是由于经济一直保持了对经济活动的总体水平的稳定控制。他们认为，这一发现与普遍的研究观点是不一致的，即工会组织活动及其成功率的下降是由于高工会化部门的会员人数的大量减少②。

杰拉尔德·迈耶（Gerald Mayer，2004）认为许多因素会影响就业和收入水平及分配。受过良好教育，拥有丰富的工作经验，并且参加培训的员工一般收入相对比较高。储蓄、投资和技术进步影响劳动生产率和实际收入。消费者品味的变化会影响具有不同技能的工人的需求。就业及收入也可能受到财政政策和货币政策的影响。机制上的因素，包括政府产业管制、移民和贸易政策以

---

① Emin M. Dinlersoz, Jeremy Greenwood. The Rise and Fall of Unions in the U. S. NBER Working Paper No. 18079, May 2012.

② William T. Dickens, Jonathan S. Leonard. Accounting for the Decline Union Membership. NBER Working Paper No. 1275, February 1984.

及工会。迈耶还对美国联邦法律对工会组织和集体谈判给予一定的保护做了研究，并且回顾了经济对美国工会成员的影响，探讨了美国工会组织近期的发展趋势①。

佩尔·克鲁塞尔和莱纳·鲁丹科（Per Krusell & Leena Rudanko，2012）用搜索匹配的方法重点分析了工会以垄断的手段设定工人工资的劳动力市场。他们采用了比较仁慈的观点，首先假定了就业和失业人员是平等的，同工同酬，且是完全理性的，当他们提出工资要求时提供就业机会②。根据这些假设，如果工会是能够充分致力于未来的工资，则它实现了一个有效的长期的失业水平。然而，从短期来看，工会在这个效率水平上提高当前工资，以使企业盈余与现有的相匹配。工会工资政策是前后矛盾的。没有承诺，并处在"马尔可夫完美"的平衡状态，不仅是失业率远高于其效率水平，并且工会要求的工资也表现出内源性的黏性，从而导致增加了劳动力市场的波动性。他们考虑了工会和雇主协会之间的部分工会和集体谈判的扩展。工会组织在许多国家的劳动力市场发挥了重要作用。他们认为，大量的劳动经济学文献研究了工会的存在如何影响劳动力市场的产出。然而，在研究总劳动力市场时，关于工会组织对劳动力市场影响的研究却相对较少。同时，劳动力市场被认为是有摩擦的，并且一些失业正是由于这种摩擦造成的。对于从宏观经济角度出发分析劳动力市场，由于搜索和匹配模型发挥了核心作用，文献中的这个研究空白对于一些重要的问题并未解决。工会在总失业率和工资方面具有哪些影响？工会如何在不同经济周期中严重影响失业？什么样的机构设置是可取的？该文建立了一个框架，适用于解决这些各式各样的问题。当考虑到在工会组织和雇主进行集体谈判时工会组织的覆盖率和集体谈判，设置什么样的机制是合理的，该论文建立了一个适用于研究这些问题的框架。

理查德·B. 弗里曼（Richard B. Freeman，2003）在以前研究的基础上，

① Gerald Mayer. Union Membership Trends in the United States. Cornell University ILR School, DigitalCommons@ ILR，August 2004.

② Per Krusell and Leena Rudanko. Unions in a Frictional Labor Market. NBER Working Paper No. 18218，July 2012.

对工会是做什么的进行了进一步的深入研究，以正确认识工会对营业额、福利、收入不平等、政治行动、利润、管理的灵活性和人力资源管理的影响，以及对工资具有非常大的差异性的影响。他认为，工会对生产率的影响的往往被认为是积极的，但是却比较温和，通常排除了负面影响，但不是决定性地建立了积极的影响作用①。他认为，雇主反制成为美国一直以来工会密度②下降的主要因素。

（2）美国工会组织历史和现状。

美国工会组织已经有两百多年的历史，可以追溯到 1792 年。美国的工会是一套多体系的组织，它的结构有三层。处于工会金字塔体系底部的是工会组织的核心——地方工会，它是工人进行集体谈判的地方；第二部分是国家工会，他们负责在集体谈判设立目标，为工会组织活动以及罢工发生时提供支持力量；第三部分是国际工会，在加拿大和美国以外其他地方运作的工会，而其中大多数属于美国劳工联合会（American Federation of Labor）和美国产业工会联合会（Congress of Industrial Organization）（AFL-CIO），大多数国际性组织是 AFL-CIO 的会员。AFL-CIO 代表了美国所有工会会员数量的约 70%。AFL-CIO 不直接介入集体合同的协商和谈判，它的首要作用是在政治领域代表劳工的声音，这种作用是通过选举中的政治活动和对议员进行游说来实现的。根据美国劳工统计局（U. S. Bureau of Labor Statistics，BLS）的统计数据③，其统计的工会入会率是指拿薪水或者工资（包括简单劳动或体力劳动者和非体力劳动者）的加入工会或者类似工会的雇员协会成员占所有劳动者的比例。值得注意的是这个统计数据并不包括家庭劳动者与自我雇佣的劳动者。

1930~1979 年美国工会组织成员的绝对数量一直在增加，并且在 20 世纪中期工会组织规模发展到最大。1930 年时工会会员仅有 340.1 万人，到 1954 年时增加到了 1702.2 万人，并且工会会员的数量在 1979 年达到最高峰，共有

---

① Richard B. Freeman. What Do Unions Do . . . to Voting?. NBER Working Paper No. 9992, 2003.

② 工会密度：一个用以反映一国或地区工会化程度的指标，是指实际会员人数在潜在会员人数中的百分比。潜在会员是指那些可能会加入工会的人，其数量等于劳动力人口减去雇主、自雇用者以及军人。

③ 以下关于美国工会组织的数据均来自美国劳工统计局。

2098.6万人。在19世纪的40年代和50年代，有超过1/3的非农业雇员加入工会，占整个劳动力人口的1/4，此时，工会会员占工人总数的比例最高。

从绝对数量上看，1930～1979年的近五十年间，尽管美国工会组织成员的绝对数量一直在增加，但是，1955～1979年的这25年里，会员的入会率呈现持续下降的趋势。此外，从1980年至今，美国工会组织会员在加入工会的人数上和入会率上均呈现出了明显的下降趋势。根据美国劳工统计局2013年1月发布的工会统计数据可知，2012年美国工会会员人数为1436.6万人，仅三十多年工会会员人数损失了660多万人。2012年的工会入会率从2011年的11.8%下降到11.3%，相比于1954年，工会会员在劳动力中所占的比例达到顶峰的34.8%，此时的工会会员入会率为七十多年来的最低点。

从人口构成的角度看，美国工会男性入会率始终高于女性入会率，2012年男性入会率为12.0%，女性入会率为10.5%，1983年男性和女性的入会率分别为24.7%和14.6%，相比较而言，二者之间的差距呈现出逐渐缩小趋势。从部门来看，公共部门入会率显著高于私人部门入会率，2012年公共部门的入会率（35.9%）是私人部门入会率（6.6%）的5倍以上，私人部门入会率一直徘徊在较低位并且呈现下降趋势，公共部门则没有。从族裔的角度看，非洲裔美国人的入会率（13.4%）相对高于其他族裔，如白种人（11.1%）、亚洲人（9.6%）、西班牙裔（9.8%），但是这种差距也正在逐渐减小。虽然工会成员的分布主要集中在7个州，但是入会率差距却比较大，2012年纽约州的入会率持续处于最高（23.2%），北卡罗来纳州仍然处于最低（2.9%）。在公共部门内部，地方政府的会员率最高，为41.7%，包括了那些会员率比较高的职业，如教师、警察、消防员等。私有经济部门内部，运输业和公用事业（20.6%）以及制造业（13.2%）会员率比较高；发展最快的金融业等仅为1.9%，而农业和相关产业的会员率则更低，为1.4%。另一种巨大差距反映在不同年龄段的工人间，会员率最高的是55～64岁，为14.9%；最低入会率年龄段是16～24岁，仅为4.2%。

（3）美国工会组织衰退原因分析。

自20世纪50年代中期以来，美国私人企业部门工会化率一直在下降。虽然工会工人的绝对数量有所增加，劳动力规模有了快速增长，但劳工中工会的工人比例反而下降了，有以下几方面原因造成了这一衰退趋势。

第一，美国工会组织对工人工资及福利的影响下降。

很多试图衡量工会成员与非工会成员之间的工资溢价的研究，结果都不尽相同。但是，总体上，大部分研究发现，通过对个人、工作以及劳动市场特点的管理，工会成员的工资通常高于非工会成员工资的 10% ~ 30%。2012 年全职拿薪水或工资的工人，工会成员的平均周薪为 943 美元，而非工会成员的平均周薪为 742 美元。当然，工会是不会以同样的幅度提高每个人的工资的。差异程度因工会成员和非工会成员的分布、他们所受雇佣的职业和行业、市场、时期、企业规模、地理区域等而异。工会成员中低技术工人获得的工资溢价比技术工人的要多，蓝领比白领多，对于年轻人的影响要大于对年纪相对来说较大的工人的影响，对受教育程度较低（高中毕业或高中中途辍学）的工人的影响高于大学毕业生影响。

从经济总体上来讲，工会能够减少收入的不平等。工会成员和非工会成员之间的工资差距在私营部门比公共部门大。在公共部门，有研究显示当地政府雇员的工会成员比联邦雇员中工会成员的工资红利多。工会对男性和女性这两个群体之间的工资影响虽然存在差别，但是差别并不大。

此外，根据理查德·B. 弗里曼和詹姆斯·L. 梅多夫对于企业和个体数据的研究，在福利规定和开支上，工会具有相当大的正面作用。1951 年，美国蓝领工人报酬的 17% 是由福利构成的，它是雇主在工资之外支付给工人的报酬；而到了 1981 年，这个比例达到了 30%，一些大公司，更是有 50% 以上的劳动力成本是福利。相比较而言，工会对不通过劳资谈判获得的总工资收益的影响与通过集体谈判获得的总工资收益的影响几乎是一样的。大量研究结果表明，更有可能享受健康保险的工会成员占了 18% ~ 28%，而更可能参加雇主提供的养老金计划的工会成员占了 32% ~ 54%。对于工会成员，非技术工人的福利津贴比技术工人的福利津贴要大很多，工会为蓝领赢得的收益比白领工人多，根据理查德·B. 弗里曼和詹姆斯·L. 梅多夫的研究，前者的平均收益是 19%，而后者的平均收益仅仅是 4%。

根据美国劳工统计局的数据可知，年龄在 45~64 岁之间的工人比年轻人或者 65 岁及 65 岁以上的工人更愿意加入工会组织。2012 年底，工会成员中 45~54 岁的工人占了 14%，55~64 岁的工人占了 14.9%，相比较而言，16~24 岁的工人占了 4.2%，而 25~44 岁的工人所占的比例约为 12% 左右。从 1994~2012 年，除了 65 岁及 65 岁以上的工人，其他年龄段的工人加入工会组织的人数都有所下降。下降人数最多的为 35~44 岁这个年龄段的工人（约为 3.8%）。受教育程度较低的工人是最不愿意加入工会组织的，而那些受过大学以上教育的工人是最希望加入工会的人群。从 1994~2012 年，所有教育群体中，加入工会组织的人数均出现了下降趋势。但是，下降得最多的是受教育程度较低的工人。而拥有学士学位和更高级学位的工人加入工会组织的比率却有所上升。1994 年，工会组织中受教育程度低的工人占了 46.6%，大学以上文凭的工人的比例是 25.3%。到 2012 年，这个比例分别为 38.7% 和 32.1%。

一项研究结果显示，如果不考虑工会工人和非工会工人的工作条件之间的差异的话，工会会员的工资溢价近年来有所下降。因此，综合以上分析，如果不考虑其他因素的影响的话，工资溢价的下降很有可能是导致工会组织衰退的一个重要原因。

第二，美国工会组织导致劳动力市场失业率增加。

工会成员更高的工资水平吸引了更多的应聘者，使得雇主在选择合适的员工时有了更多资源和更大的选择性。一些研究结果表明，工会的"合格"工人可能比做相同工作的非工会成员有更强的工作能力。工会成员工作任期相对较长，并且如果工会给予员工一个有效的表达和解决问题的沟通系统，工会成员的辞职率可能也相对较低。

工会组织具有垄断和代言人/应答人两方面的作用。当工会作为垄断组织通过它的垄断力量使其成员工资水平高于劳动力市场的均衡工资时，劳动力价格被提高到竞争性水平之上，因为会吸引额外的劳动力进入劳动力市场，从而减少劳动供给，对劳动力市场产生不利的影响，导致失业率升高。弗里曼和梅多夫曾经研究了工会化对失业的影响，结果显示工会化程度高的地区的失业率比工会化程度较低的地区失业率高出了 1.0%。相关研究表明，工会力量越强，就业率可能越低，虽然数量可能很小。工会化程度提高 10%，就业率降低 0.2；工会工资提高 10%，就业率降低 0.06%。这也是为什么越来越多的人（主要是失业的人）非常反对组建或加入工会组织。

第三，美国内部经济结构的转变。

自 20 世纪 40 年代末起，美国开始了以电子计算机等技术为标志的新技术革命，新技术革命涉及了美国国民经济的所有重要部门，重工业有了长足发展，制造业成为世界领先，商业化农业开拓了新领域，产业结构发生了巨大变化；工人经历了规模经济、科学管理和管理技能的快速增长。从业人员的就业结构也因此出现了巨大变化。相对于对非技术工人的需求来说，在计算机化以及全新的组织结构的作用下，企业对技术人员的需求有所上升。非技术性工作包括文员、杂工、操作工以及销售人员，技术性工作包括技工、管理者和专业人员。

20 世纪前半期，技术进步偏向非技术工人，因此，工会化也历史性地出现在了那些非技术性工作的职业与行业领域，并且发展呈显著的上升趋势。从新技术革命发展以来，最初工会化高的职业与行业，因为吸纳的非技术工人的比例过高，从而工会化总体上也呈现了大幅度的下降。消费需求和就业不再集中于传统的工会化程度较高的行业，生产结构影响了经济中非熟练劳动力的价值。与此同时，小企业提供的就业机会也迅速增加。制造业的工会化下降得尤为显著。

工会化下降最快的 20 种职业包括工人、机器操作员以及文员，并且其中有 10 种职业占 1983 年所有工会化最高的职业的 1/4。与此相反，20 种工会化增长最快的职业，在工会化最高的职业中仅表现为 4 种，这些职业主要是技术性工作者，如工程师、管理人员与其他专业人员。2012 年教育培训和图书馆职业（35.4%）与保护性服务行业（34.8%）加入工会的比率最高。销售及相关职业（2.9%）和农业，渔业，林业等职业（3.4%）加入工会的比率最低。

经济变迁使传统上高工会化部门的劳动力比例下降，传统上非工会化部门的劳动力比例上升。劳动力市场的重大结构变化——白领工作岗位的增长、制造业工作岗位的衰退、劳动力队伍中女性人数和非全职工人就业量的增加，所有这些因素都导致了工会入会率的下降。

随着 20 世纪 80 代经济全球化的发展，美国大量的制造业岗位纷纷转移到了亚洲等海外国家，并且采用外包或者雇用临时工，同时要求用工的灵活性。大量的廉价日用生活品也从东南亚等地区进入美国市场。因此，美国国内就业随之减少，美国企业与此同时也面临着降低劳动成本，增加利润的压力。蓝领工人和一般的白领工人都面临着失业的威胁。工会的发展也受到了难以避免的冲击。

一方面，在经济全球化的进程中，由于生产的国际化与资本流动的可能性，工会集体谈判的内容和影响将会减少；另一方面，随之而来的移民问题，部分就业、临时就业的不断增多，没有或只有非常低的社会福利、无医疗保障的临时工会越来越多，由此将会削弱工会组织的劳工基础。国际劳工组织负责人胡安·索马维亚在一份报告中曾指出，全球化和在激烈竞争的世界市场的生存原则将对工会和结社自由以及集体谈判的权利产生消极影响。此外，在商品市场竞争激烈的压力下，有些工会的雇主难以支付更高的工会工资，因而抵制工会。

在不考虑工会和资方行为，以及工人对工会期望度的变化时，经济结构变化的因素虽然并不直接决定工会的覆盖率，但是增加了工会的组织难度。

第四，工会组织罢工作用的下降。

美国工会在法律允许的范围内可以通过地方工会和国家工会与企业主进行集体谈判与平等协商，否则会采取游行示威，联合抵制，还可以通过 AFL-CIO 开展国会院外游说活动、法律诉讼，最后可以组织罢工。从历史上看，罢工是一种经常使用的谈判工具。1935 年美国《全国劳动关系（瓦格纳）法案》颁布，并且为了执行该法案，政府还创建成立了美国全国劳动关系委员会（NLRB）。这部法案的颁布，确定了工人组织工会以及集体谈判的权力，工会在法律允许的范围内积极利用这种支持开展工会活动，标志着对工会活动的鼓励，此时，工会组织率和罢工数量都出现了增长。同时，由于罢工是工会争取与雇主谈判能力的工具，法案规定了资方不得干扰、妨碍工人组织工会来通过集体谈判来维护自己的权利。这一时期的罢工主要是争取经济利益的诉求，在法律保护下的罢工数量增多。工会组织的罢工经常发生，并且大部分都取得了成功。1937 年以后，罢工成为在法律、政治制度所允许的范围内由工会进行控制的一种策略性工具。1947 年，美国国会颁布了《塔夫脱—哈特莱法案》，即修订后的《全国劳动关系法案》，以此来平衡劳资谈判的机制。通过表决机制，让工人成为工厂是否加入工会的唯一决定因素，但实际上，能否加入工会取决于资方和劳动双方面的作用。该法案同时限制了罢工权和工会活动的范围。修订后的《全国劳动关系法案》颁布以后，私营部门的工会组织率直到 1980 年一直呈下降趋势。

自 1980 年后，私营部门的工会组织率仍然持续下降，甚至降到比 1935 年《全国劳动关系法案》颁布之前更低的水平。近年来，尽管罢工越来越不寻常，但实际上罢工在美国劳工市场中已经消失。因为罢工经常给工人带来的后果适得其反。1981 年举行罢工的联邦空中交通管制人员被当时的里根总统宣布非法，并解雇了全部罢工工人。1987 年，职业橄榄球运动员曾经举行罢工，因为老板要使用替补队员，使得罢工运动员不得不回去工作。1992 年，制造中兴设备的大公司——卡特彼勒公司的工人举行了罢工，但是，他们 6 个月后不得不结束罢工，因为公司威胁永远不会再雇佣他们。此类案件的发生很多，但是对于工会和工会成员来说，罢工的风险越来越高，工会组织不愿意由于罢工而导致失业并丧失在工人中的信誉，罢工不得不变得更加谨慎。尽管美国法律目前仍然对劳资谈判作为劳方的经济武器给予认可，但是由于对罢工的保护较少，工会组织的议价能力越来越弱，罢工也随之下降到最低水平。

美国大多数研究劳动法的学者认为，现行的劳动法律过多地限制了工人采取集体行动的能力，缺乏对工人组织权的有力保护。相比较而言，美国的劳动法更多地强调雇主的权利，对于工人组织、罢工和集体谈判保护较少。有很多国际劳动法的业内人士都认为，美国工会的衰退及许多普通工人的实际收入下降都是由违反了国际劳动权利核心的美国劳工法律造成的。

第五，资方反制对工会衰退的影响。

雇主对工会的强烈反对是工会成长的主要障碍。雇主会以合法和非法的形式反对工会和工会化。在 20 世纪 50 年代，许多企业的资方相对较少采取行动以阻止工人加入工会，因为法律规定了要让工人自行作决定。然而在此后的几十年里，根据《塔夫特—哈特利法案》的"言论自由"条款（允许雇主表达对工会活动的反对意见，但不能对要求有工会的工人进行威胁），法庭和国家劳资关系委员会（NLBR）给资方增加了反对工会化的权力，资方几乎在每一次重大的 NLBR 工会代表权的决定中都激烈反抗工会。资方对抗加入工会促进活动的办法有三种基本的方式。第一种有时可称为"积极的劳资关系"政策，试图以工会的游戏规则击败工会，向非工会工人提供大多数工会要求的工人利益——高工资、好福利、高年资工人保护等——但不收相关的费用。资方的第二种策略是，实施合法的、强硬的反制活动，力图使工人相信如果他们在表决中反对工会的进入，他们会有更好的利益。一般情况下，一个工厂的工人通过NLBR 工会代表权表决而整体加入工会通常是一些工人决定要有工会，于是他们请求当地某个工会的工人在要求举行工会代表权的登记卡上签字，只要有1/3 的工人签了登记卡即可举行工会代表权表决。当资方了解到工会的活动后，会发起强劲的反制行动。资方可能会反对工会所希望的"基层选区"——有资格投票的工人的组成结构，声称某些（支持工会的）工人不应入列。通过挑战基层选取，并凭借其他合法手段，资方可以使表决拖延数月之久。最后，即使资方在表决上失利，它也可不必达成集体谈判劳资协议。许多美国大公司，包括像杜邦、通用电气等巨型公司，都运用上述及其相关的策略战术进行强硬的反制活动，以便使 NLBR 表决结果对资方有利。动用法律允许范围内的一切手段，但是如果仍然能预见工会可能会取得胜利，资方为了不让工会化的第三种途径就是去违法，特别是去甄别和开除带头支持工会的工人。资方的违法行为下降多年后，自 20 世纪 60 年代开始，工会成员的相对人数呈巨幅增长。从 1960 ~ 1980 年，对雇佣方不公平劳资关系处理做法的指控总数提高了 4 倍；因工会活动开除工人而受到的指控提高了 3 倍；经法庭裁决被偿还工资和回复工作的工人数量提高了 5 倍。与此对照，同期 NLBR 的表决次数没有什么变化。虽然以各种借口开除工人的手法越来越老道，但是在 1980 年因工会活动而开除工人遭到指控的雇主数量要多于以往时期。1980 年至今，在大多数行业的劳资关系里，雇主以合法与非法的手段抵制工会组建，激烈反对工会，使得私营部门工会组织率持续下降，截至 2012 年年底美国工会组织率仅为 6.6%。另外，经济的全球化使商品、资本市场激烈竞争，导致资方承受降低劳动力成本的压力，工会成员的工资更增加了这种压力。为了维持市场的竞争力，工会化的趋势逐渐在传统工会化行业出现，工会组织的组建进一步受到资方的抵制。资方的反制行为对工会的获胜率具有一种相当大的抑制作用，对 NLBR 表决后新加入工会工人比例下降也负有大部分责任。

7.1.2.2　欧洲模式：相对强势工会及其发展状况

在大多数欧洲国家，工会力量一直比较强大。从历史上来说，西欧既是工会组织和三方协商机制的发源地，也是工会组织较多、工会活动较为活跃的地区。近些年来，随着社会经济的快速发展，工会力量有所衰减，但在三方协商机制中仍保持着相对强势的地位。

在欧盟 28 个成员国中，各国的工会发展差异较大。比如奥地利的劳动者几乎都是工会成员，入会率差不多达到 100%。而法国私营企业中只有 6% 的雇员加入工会。截至 2010 年，与 2000 年相比，欧盟 27 个成员国（2013 年 7 月 1 日克罗地亚正式成为欧盟第 28 个成员国）的工会联合会由 93 个增加到 98 个；在 10 个苏联解体后成立的中东欧国家中，工会联合会由 29 个增加到 38 个。欧盟最大的工会联合会所辖工会分会的平均数量为 29 个，考虑到较小的工会联合会也可能有分会，除大约 1000 多个独立工会组织外，欧盟所有国家的全国性工会组织总数约为 2000 个。欧洲工会运动于 20 世纪 80 年代开始呈现衰弱趋势，90 年代这一趋势进一步发展。在 21 世纪的第一个 10 年期间，这一趋势并未改变。总体上，2000～2008 年，欧盟成员国内的工薪雇员中，工会会员从 4600 万人降至 4300 万人，减少了将近 300 万人；而非工会工人却从 1.2 亿人增加到 1.4 亿人，增加了 2000 万人。由此可见，欧盟 27 个成员国中，工会入会率从 2000 年的 27.8% 降至 2008 年的 23.4%。在 21 世纪第一个 10 年里，欧盟半数成员国中的工会会员在减少，另外半数成员国的会员只有小幅增加。在流失的会员中，中东欧国家有 200 万人，欧盟原有 15 个成员国有 100 万人。从绝对数字上看，减少最多的是德国，减少了 150 万人，其次是波兰 65 万人，罗马尼亚 42.4 万人；增加最多的是意大利 55.5 万人，其次是西班牙 31.7 万人，比利时 20.5 万人。从比例上看，减少最多的是立陶宛

47.7%，其次是爱沙尼亚43.6%，斯洛文尼亚43.4%，捷克27.9%和波兰25.5%；增加最多的是西班牙15.4%，其次是塞浦路斯14.6%，希腊13.9%和比利时11.5%。

虽然欧洲的工会有所衰退，但在三方协商机制中依然扮演着较为强势的角色。事实上，欧洲是目前世界上罢工最为频繁的地区之一。以法国为例，自二战以来，法国逐步完善了以高税收、高福利为基础的社会保障体系，并建立起了以行业章程为依据的工会组织，从而形成了法国特有的一种社会企业文化。在法国，企业员工一般都要选择参加一个工会组织，以便为自己的工作和生活讨公道。这样，工会组织就成为资方与员工之间的纽带，也是制衡资方的一个主要力量。法国工会组织有左派、右派和中间派之分，最主要的全国性工会组织有5个，即法国总工会（CGD）、法国工人力量（FO）、法国工人民主联合会（CFDT）、法国基督教工会联盟（CFTC）、法国干部总会（CGC）。此外，法国各行业也有很多各具特色的工会组织。法国二战后数次全国性大罢工的规模一次比一次大，比如，1986年罢工参与率是47.5%，1995年是75%。除了这些全国性的总罢工以外，中型的罢工次数越来越密，进入21世纪以来，几乎每年都发生一次大规模罢工。2010年，法国再次爆发全国性大罢工，以抗议政府的社会保障体制改革。不过，虽然法国工会在组织发动罢工以及劳资谈判方面能量很大，但无休止的罢工对法国社会发展的影响已引起了人们的关注。尤其是有些法国人和工会组织太强调以自我为中心，不顾大局，动辄以罢工相威胁，拿社会生活秩序作为他们与政府讨价还价的"底牌"。频繁的罢工也使法国企业界感到非常挠头。他们认为，法国法律给予了员工太多的权利，现在应该到了给予法国企业更多权利的时候了。

英国的劳资矛盾在2008年全球金融危机爆发后也有所加剧。英国国家统计局公布的最新数据显示，劳资纠纷状况在2014年出现恶化，罢工导致的工作日损失同前一年相比几乎增加了一倍。由于护士、助产士、消防员和公务员纷纷采取罢工行动，2014年1～10月份因劳资纠纷损失的工作日为782000个，比上年同期的405000个工作日损失大幅增加。仅在2014年10月份出现的罢工行动就有27起，为全年最高数字，涉及10.9万名工作人员。英国最大的工会组织联合工会在2014年参与了150次罢工行动，至少比前一年增加了25%。

德国是另一个工会力量强大的国家。相比之下，德国在市场经济国家的劳资关系中是最好的，劳资关系体系最严谨，法律规范比较到位。在德国，劳资双方的组织程度都非常高，一旦有问题通常用谈判方式解决，让矛盾有一个规范的处理渠道，这在一定程度上是因为其国家的社会民主主义传统。德国劳资关系相对规范的表现之一，就是德国企业的双层董事会制，一般来说，公司董事会负责管理企业，但德国很特殊，它的法律规定了股东大会下面设有董事会和监事会，董事会具有象征意义，而监事会权力非常大，包括企业管理人员的任命、重大决策的表决等。由于多年的争取，工人得以进入监事会，所以并购重组活动绝不能忽视工会力量的存在。德国监事会中有两种运作方式，按照德国《共同决策法》的规定，在大企业（工人在2000人以上）是对等共决，即监事会中职工代表可以占一半，一般企业（2000人以下企业）叫一般公决，职工代表可以占三分之一，而职工代表中多数为工会成员。德国工会运行模式的另一个特征是，罢工被看作是劳资谈判的一个阶段，德国各个产业工会每年都会与相对应的雇主协会谈新一年的工资标准。如果谈判破裂，法律规定先调解，调解不成再罢工才是合法的，而且罢工行为全部围绕谈判来进行，在集体合同的有效期内，一般来讲不允许罢工。此外，工会组织罢工要给会员支付罢工津贴（约等于工人平常工资的60%），因此一般产业工会选择罢工都很讲究策略，会从自己的经济实力出发，罢工多长时间能取得成功都有精确的计算。由于罢工频繁发生，而且各工会组织在罢工中的诉求不一致，使得德国政府不得不通过修改法律以限制各工会的罢工活动。2015年5月，德国议会就劳资冲突通过新的法案，规定当同一行业的不同工会存在不同诉求而无法达成一致时，以会员最多的工会达成的劳资协议为准。根据新法规，工会可以自主避免彼此间在劳资问题上的冲突，可以组成联盟，共同谈判，也可以采用另一个工会达成的劳资协议。不过，此项法律受到了不少工会组织的反对，德国火车司机工会、德国飞行员联合会、马尔堡医生联合会则宣布，将向联邦宪法法院起诉该法规违宪。

7.1.2.3 日本模式：劳资协作型工会及其发展状况

二战结束后，日本的工会组织逐渐恢复并发展起来。1945 年 12 月，日本拥有工会会员 38 万人，第二年便增到 375 万人，半年之间激增 9 倍。工人的组织率也迅速提高，1945 年末，日本工人的组织率仅有 3.2%，1946 年 4 月上升到 40%，1948 年末又增至 55.8%。与欧美比较流行的产业工会不同，日本工会多数是企业工会。20 世纪 50 年代中期，企业工会作为日本工会的基本形式得到确立。由于工业化起步虽晚但进展快速，社会化分工和职业技能形成体系落后，以及在终身雇佣体系下企业内部相对封闭的劳动力市场等原因，日本没有形成类似欧美国家按产业部门和职业系统组织起来的产业工会和集体谈判，而是形成了更适合日本传统文化和心理特征的企业工会与长期雇佣、年功序列、内部教育培训、职能资格制度等，最终构成了企业内稳定的劳动关系结构与运行机制，劳动争议数量和参加人员都呈递减趋势。

日本劳动关系协调机制也称为劳使协商制度。所谓劳使协商制度，是一种劳动者代表与劳动力使用者（经营者）对就业条件和劳动条件以及有关经营、生产、福利等问题交换信息和意见并进行协商的制度，也被称为"劳使协议制"。三方协调原则在工会的高层参与中发挥着重要作用。在多层次的三方机构框架下，日本工会获得了通过审议会等途径参与制订法律法规的权利，包括：参与制定劳动法规过程中的三方审议会，从地方一级到全国一级的审议会，都是由工会、雇主和劳动委员会（有社会声望和学术地位的大学教授、新闻界人士、法律工作者）三方组成，三方人数在审议会中是对等的，三方对每项劳动法规的制定都可表达自己的意见，如果劳资双方意见有分歧，则由中立方调解和斡旋，议案达成一致后提交劳动省，进而提交国会讨论，决定劳动法规是否可以出台；参与政府部门制定各项政策的审议会，总理府和政府各专业部门在其政策制定中都极其重视工会组织的意见，总理府的社会保障制度审议会、经济企划厅的经济审议会、通产省的产业结构审议会等，甚至决定日本政府的机构设置和职能的中央行政改革会议也请工会领导人参加。日本还通过各种劳资对话方式相互沟通和解决问题，在日本，从都、道、府、县至中央一级，每年都召开 4~5 次产业劳动恳谈会，恳谈会由劳、资、政及中立方四方组成，讨论劳动政策和生产中的各种问题。每次恳谈会都有一名政府高级领导人参加。通过恳谈会，工会和雇主能够就产业政策和劳动政策的贯彻执行情况及时进行沟通，工会则可以通过这种形式及时向政府和雇主反映工人的意见和建议。

7.2

我国三方协商机制调节劳动关系的作用研究

7.2.1　我国三方协商机制的形成过程

7.2.1.1　工会组织的发展情况

新时期中国工会的发展是与改革开放的进程紧密相关的。在 1957 年召开中国工会第八次全国代表大会之后，工会"自行消亡"了 20 年的时间。直到 1978 年 10 月，中国工会"九大"才得以顺利召开，大会提出了新时期工会工作的基本方针，强调要在中国共产党的领导下，团结教育吸引广大职工不断提高政治觉悟，掌握现代化科学技术，积极参加企业管理，广泛开展社会主义劳动竞赛，努力提高劳动效率，并在发展的基础上，逐步改善职工群众的物质文化生活，为实现新时期的总任务而奋斗。随着工会工作的恢复，各地的工会组织以及企业的工会组织得到了迅速的发展。特别是进入 21 世纪后，为适应新的形势发展要求，无论是工会的入会人数，还是工会组织的工作人员数量，都有了很大的增长。具体数据，如表 7.1 所示。

表 7.1		2005~2013 年工会发展情况		
年份	工会基层组织数（万个）	全国已建工会组织的基层单位的职工数（万人）	全国已建工会组织的基层单位的会员人数（万人）	工会专职工作人员人数（万人）
2005	117.4	15985.3	15029.4	47.7

续表

年份	工会基层组织数（万个）	全国已建工会组织的基层单位的职工数（万人）	全国已建工会组织的基层单位的会员人数（万人）	工会专职工作人员人数（万人）
2006	132.4	18143.6	16994.2	54.3
2007	150.8	20452.4	19329	60.2
2008	172.5	22487.5	21217.1	70.5
2009	184.5	24535.3	22634.4	74.6
2010	197.6	25345.4	23996.5	86.4
2011	232	27304.7	25885.1	99.8
2012	266.3	29371.5	28021.3	107.9
2013	276.7	29946.2	28786.9	115.6

注：2003 年起工会基层组织数统计口径有所调整。
资料来源：国家统计局。

从表 7.1 我们可以看出，自 2005 年以来，我国的工会有了很大的发展。工会基层组织数量从 117.4 万个增长到 2013 年的 276.7 万个，增长了 2.4 倍；全国已建工会组织的基层单位的职工人数从 1.6 亿上升到 2013 年的近 3 亿，几乎翻了一番；工会会员人数从 1.5 亿人增长到 2.9 亿人左右，涨幅也接近一倍。与此同时，工会专职工作人员则从 47.7 万人增加到 2013 年的 115.6 万人，增长了 2.4 倍多。

随着工会组织的不断健全，工会的职能也得到了很大的加强。特别是在维护职工权益、协调劳动关系方面，工会的作用日益突显。在维护职工劳动经济权益方面，2014 年，工会组织积极参与《安全生产法》《社会救助暂行办法》等涉及职工利益的法律政策的研究制定和修改；推动《劳动合同法》《劳务派遣暂行规定》等劳动法律规章的贯彻实施，督促企业依法用工、规范管理。推动落实《企业民主管理规定》，督促企事业单位健全以职代会为基本形式的民主管理制度，主动做好维护职工队伍稳定工作，加强与有关部门配合，协助党委、政府妥善处理职工群体性事件。推动把工会认定的困难职工纳入政府救助范围，推动工会帮扶工作纳入社会救助体系和融入公共服务体系。

7.2.1.2　雇主组织的发展情况

1983 年，中国恢复在国际劳工组织的活动，中国企业联合会/中国企业家协会（简称中国企联）作为中国雇主组织代表与劳动和社会保障部、中华全国总工会组成三方机制，参与国际劳工组织的所有活动，承担具体工作。2003年 6 月 2 日，国际雇主组织总理事会一致接受中国企业联合会为国际雇主组织的正式成员。国际雇主组织承诺 "对于国际雇主组织秘书处，对于国际劳工局理事会雇主组，对于所有国际劳工组织的活动，中国企业联合会是中国的唯一代表"。中国企联是中国成立最早的全国性经济、社会社团组织。在直属会员企业中，国有企业占 44.79%，非国有企业占 55.21%（其中乡镇企业占11.26%，私营企业占 11.83%，合资企业占 4.75%，股份制企业占 24.46%，外商独资企业占 1.79%，其他企业占 1.12%）。其成员比例比较符合我国各类企业在经济社会发展中的地位和作用。由此可见，中国企联目前的会员企业具有广泛的代表性，既能代表国有企业，又能代表非国有企业。从职责上来说，中国企联的职责主要包括：代表中国企联参加国家协调劳动关系三方会议，参与有关涉及劳动关系方面的法律法规和政策的制定，维护企业和企业家的合法权益；指导与协调各地、各行业企联/企业家协会开展三方机制建设和劳动关系协调工作；推动企业建立和加强劳动合同、集体合同的签订，减少劳动争议，维护企业劳动关系稳定；为各地、各行业企联/企业家协会以及企业（雇主）提供三方协商机制和劳动关系方面的培训、咨询等服务；收集、整理国内外有关三方协商机制和劳动关系方面资料，并及时向各级企联/企业家协会传递信息；参与国际雇主组织和国际劳工组织活动，参加国际劳工大会和国际劳工标准与公约的修改和制定，开展与其他国家雇主组织及国际机构的交往与合作。

2011 年 7 月，国家协调劳动关系三方会议第十六次会议在京召开，调整后的国家三方会议在人力资源社会保障部、中华全国总工会、中国企业联合会/中国企业家协会三个成员单位的基础上，增加中华全国工商业联合会为成员单位，与中国企业联合会/中国企业家协会共同作为企业方代表。中华全国工商业联合会成立于 1953 年，简称全国工商联，又称中国民间商会，是以非公有制企业和非公有制经济人士为主体的人民团体和商会组织。工商联按行业设立行业商会等行业组织。截至 2014 年年底，全国工商联共有县级（含县级）以上组织 3394 个，工商联所属商会组织 36981 个，已形成覆盖全国的组织网络。工商联会员分为企业会员、团体会员和个人会员。地方各级工商联的会员，同时也是上一级工商联的会员。工商联所属商会是工商联的团体会员，其会员也是工商联会员。截至 2014 年年底，全国工商联共有会员 396 万多个，其中企业会员 213 万多个，团体会员 46498 个，个人会员 178 万多个。全国工商联同世界上 100 多个国家和地区的 400 多个组织、机构、商会、企业等建立了广泛联系和友好合作。

7.2.1.3　我国三方机制成立

在借鉴国际惯例的基础上，2001 年 8 月 3 日，由中国原劳动和社会保障部、中华全国总工会、中国企业联合会/中国企业家协会正式成立了"国家协调劳动关系三方会议制度"。2011 年，全国工商联加入，三方机制扩展为三方四家。

除了国家层面建立了三方协商机制，我国各地也根据自身的特点开展了三方机制的建设。地方的三方协商机制相较于国家层面的制度更具有灵活性，参加三方协商的主体除了劳动行政部门、企联/企协、工商联以及工会外，在一些地方也有国资委、经贸委或者外企联合会等机构代表资方参与协商。除了正式的三方协调会议，在我国还存在一些准三方协商机制。第一种是多方参与的协商制度，例如山东省的"农民工工作联席会议"，参与会议的除了党政机关、工会外，还有团委、妇联等机构和组织。类似的还有"发展家庭服务业促进就业部际联席会议制度"。第二种是政府与同级工会组织召开的联席会议，这些会议由省长或主管副省长主持召开，议题广泛，涉及从支持工会工作到就业、最低生活保障、民主管理等多方面问题。与三方协商机制不同的是，这些联席会议一般没有雇主协会的代表参与。

7.2.2　我国三方机制的主要职责

我国三方协商机制的职责见表7.2。

表 7.2　　　　　　　　国家协调劳动关系三方会议制度任务和职责

项目	2001 年	2009 调整
职责任务	（1）研究分析体制改革政策和经济社会发展计划对劳动关系的影响，提出政策意见和建议 （2）通报交流各自协调劳动关系工作中的情况和问题，研究分析全国劳动关系状况和发展趋势，对劳动关系方面带有全局性、倾向性的重大问题进行协商，形成共识 （3）对制定涉及调整劳动关系的法律、法规、规章和政策提出意见和建议，并监督实施 （4）对地方建立三方协调机制和企业开展平等协商、签订集体合同等工作进行指导、协调，指导地方的劳动争议处理工作，总结推广典型经验 （5）对跨地区或在全国具有重大影响的集体劳动争议或群体性事件进行调查研究，提出解决的意见和建议	（1）研究分析我国经济社会发展形势和政策、制度对劳动关系的影响，协调三方的政策主张和立场，对制定并监督实施涉及调整劳动关系的法律、法规、规章和政策提出意见和建议 （2）通报交流各自协调劳动关系工作中的情况和问题，研究分析全国劳动关系状况及发展趋势，对劳动关系方面带有全局性、倾向性的重大问题进行协商，形成共识 （3）建立和完善劳动关系工作体系，推动地方协调劳动关系三方机制、劳动合同制度、集体合同制度、民主管理制度、劳动争议调处机制的建设，总结推广先进经验 （4）加强对地方协调劳动关系工作的宏观指导和服务，建立劳动关系重大问题的信息沟通和协调处置机制。对跨地区或在全国具有重大影响的集体劳动争议或群体性事件进行调查研究，对社会影响重大的劳动关系问题，三方统一研究应对措施，协调采取一致行动，提出应对措施的意见和建议，及时妥善化解矛盾 （5）加强与国际劳工组织、各国三方机构的联系、交流与合作，组织、参加有关活动，提高中国三方机制在国际劳工活动中的作用和影响
协调内容	（1）推进和完善平等协商、集体合同以及劳动合同制度的有关问题 （2）企业改制改组过程中的劳动关系 （3）企业工资收入分配 （4）最低工资、工作时间和休息休假、劳动安全卫生、女职工和未成年人特殊保护、生活福利待遇、职业技能培训等劳动标准的制订和实施 （5）劳动争议的预防和处理 （6）职工民主管理和工会组织建设 （7）其他有关劳动关系调整的工作	（1）推进和完善劳动合同制度、平等协商集体合同制度 （2）企业改制改组过程中的劳动关系 （3）企业工资收入分配 （4）最低工资、工作时间和休息休假、劳动安全卫生、女职工和未成年工特殊保护、保险福利待遇、职业技能培训等劳动标准的制定和实施 （5）劳动争议的预防和处理 （6）企业民主管理 （7）工会组织和企业联合会组织的建设 （8）调整劳动关系的其他有关问题

　　2001 年成立以来至 2015 年，国家协调劳动关系三方会议制度共召开了 20次会议。在各方共同协调磋商的基础上，出台了一系列协调劳动关系的文件。

具体见表7.3。

表7.3　　　　国家协调劳动关系会议制度成立以来出台的三方文件

文件名	文件号
《关于构建和谐劳动关系的意见》	中共中央、国务院 2015 年 4 月
《关于深入推进集体合同制度实施彩虹计划的通知》	人社部发〔2010〕32 号
《关于印发全面推进小企业劳动合同制度实施专项行动计划的通知》	人社部发〔2010〕30 号
《关于应对当前经济形势稳定劳动关系的指导意见》	人社部发〔2009〕18 号
《关于开展区域性行业性集体协商工作的意见》	劳社部发〔2006〕32 号
《关于开展创建劳动关系和谐企业与工业园区活动的通知》	劳社部发〔2006〕25 号
《关于印发〈全面推进劳动合同制度实施三年行动计划〉的通知》	劳社部发〔2006〕13 号
《关于进一步加强劳动争议调解工作的通知》	劳社部函〔2005〕180 号
《关于进一步推进工资集体协商工作的通知》	劳社部发〔2005〕5 号
《关于贯彻实施〈集体合同规定〉的通知》	劳社部函〔2004〕195 号
《关于加强兼职劳动仲裁员队伍建设有关问题的意见》	劳社部发〔2003〕28 号
《关于建立健全劳动关系三方协调机制的指导意见》	劳社部函〔2002〕144 号
《关于进一步推行平等协商和集体合同制度的通知》	劳社部发〔2001〕17 号
《关于进一步加强劳动争议处理工作的通知》	劳社部发〔2001〕16 号
《关于逐步实行集体协商和集体合同制度的通知》	劳部发〔1996〕174 号

7.3

经济新常态与三方协商机制构建

7.3.1　经济新常态对三方协商机制的影响

7.3.1.1　经济新常态下就业的基本特点

经济新常态体现了我国经济发展的阶段性特征，具有三个主要特点：一是从高速增长转为中高速增长，增长方式从规模速度型粗放增长转向质量效率型集约增长；二是经济结构从增量扩能为主转向调整存量、做优增量并举的深度调整，经济结构不断优化升级；三是发展动力从要素驱动、投资驱动转向创新驱动。李克强总理强调稳增长也是为了就业，目前我国经济发展步入新常态，要求转变经济增长方式，调整产业结构，这将对就业产生广泛而深远的影响，经济增长与就业的关系正在发生着深刻的变化，劳动力市场也将发生深刻变革，就业形势与矛盾将更加复杂，经济新常态下的就业呈现出一些新特点、新变化。

（1）就业总量压力大，结构性矛盾将贯穿经济新常态始终。

经济新常态下，我国经济增长速度明显放缓，就业问题与经济增长紧密相连，在保持经济稳定增长的前提下，就业总量压力增大。因为就业规模的扩大，在一定程度上取决于经济已有的规模及其增长速度，依据菲利普斯的分析框架，经济增长率与失业率是负相关关系，与就业率则又是正相关关系。奥肯定律发现失业率上升一个百分点，经济会下滑两个百分点。也就是说，只有经济规模不断扩大，经济增长方式有效转变才能相应地创造更多的新生就业岗位，经济持续稳定增长是就业增长的前提条件，一定的经济增长速度才能产生一定数量的就业岗位。在经济增长速度放缓，经济发展规模有限的经济新常态下，不可避免的就业总量矛盾依然存在，但主要矛盾是结构性问题，结构性矛盾比较突出。近几年劳动力成本的持续上涨对企业的劳动力需求影响不断加深，劳动力供给趋于大龄化，高技能大龄劳动者的挤出效应引起就业的结构性矛盾，结构性失业特征较为明显，并将贯穿经济新常态始终。

（2）技术性失业将贯穿经济新常态始终。

"工业 4.0"和"互联网＋"的时代背景之下，技术创新、科技创新成为企业获取核心竞争力的源泉和动力，传统企业面临前所未有的挑战，需要与互联网结合寻求新的发展途径，我国的投资结构将由第二产业主导向第二产业和第三产业并重转变，经济增长将由依靠劳动力成本优势向依靠人力资本质量和技术进步转变。因此，在我国经济发展进入新常态下，无论是推进经济结构转型和优化，还是推进创新驱动，科学技术应用到经济发展的各个领域已是不可避免。但是，工业技术进步的结果会在一定程度上导致技术性失业，传统加工制造业吸纳就业的作用将弱化。智能机器人、云计算、大数据、物联网等新技术的开发和应用，会使企业大大减少对普通劳动力的依赖，更加渴望创新人才和高技能人才，对劳动需求的相对减小会使失业增加，传统产业工人将面临失业风险，只能转而通过提升自己的人力资本以减少技术性失业。此外，在经济新常态下，物质资本相对价格下降，而人力资本价格相对上升也加剧了机器取代工人的趋势，从而也加剧了技术性失业。

（3）"双创"拓宽就业渠道将成为经济新常态下的就业常态。

经济发展新常态下经济发展的动力主要依靠创新驱动，党的十八大第一次将鼓励创业纳入就业方针，围绕"大众创业""万众创新"推进一系列体制机制改革。2015 年仅 3~9 月，关于创新创业的国发文件就有 4 个，从国家层面确立了创业在就业中的地位，国家扶持创业创新的力度前所未有。创业创新政策的落地推行不仅对拉动经济有积极作用，还在很大程度上改善了就业增长预期。以大学毕业生为例，就业形势严峻。教育部部长袁贵仁表示要深化高校创新创业教育改革。把创新创业教育融入人才培养体系，落实完善创新创业政策，加大创新创业场地建设和资金投入，提升创新创业服务水平，大力推进毕业生自主创业，缓解新增大学生就业压力。2015 年国家发展与改革委员会根据当年前三季度新增市场主体增长速度以及企业运营资产规模、营业收入规模推算，创业创新对 GDP 增速的拉动贡献大约为 0.5 个百分点左右，创业创新带来的红利已经初步显现①。由此可见，"大众创业、万众创新"将成为经济新常态下拓宽就业渠道的必然选择，也将成为就业的新常态。

（4）提升就业质量将成为经济新常态下的就业常态。

党的十八大报告指出，要实施就业优先战略，推动实现更高质量的就业。在经济新常态下，就业质量面临新诉求，劳动者希望实现高质量的就业，提升就业质量与经济新常态下以提升发展质量的内涵相契合。劳动者将对工作环境和工作条件的改善，对工作的稳定性、工作时间、劳动报酬、社会保障等有更高的诉求。大众创业、万众创新的良好创业环境之下，创业者对创业服务、孵化、创业指导和培训及后续融资、跟踪扶持等多方面的服务能力和水平也将提出更高要求。在经济新常态下实施就业优先的发展战略，从单纯地强调扩大就业数

---

① 赵晶. "双创"为就业和增收拓新渠 [N]. 经济参考报，2015. 12. 15.

量向提高就业质量转变，并将努力提高就业质量作为未来就业工作的重心，是实现包容性增长、提高经济发展质量的必然之举，也是转变经济增长方式，优化产业结构的必然选择①。劳动者在经济新常态下如果不能实现高质量的就业，容易导致劳资矛盾；在三方协助机制还不是很完善、很健全的情况下，劳资冲突还极容易演化成群体性事件，给经济社会带来诸多不稳定因素，影响和谐劳动关系的构建。因此，努力提升就业质量必将成为经济新常态下的就业常态。

7.3.1.2　我国劳动关系的演变及其特征

改革开放之后，由于市场化为导向的企业改革快速推进，我国的劳动关系也发生了巨大的变化。特别是随着多种所有制经济结构的形成，劳资冲突开始逐渐显现出来。而劳动关系的协调与否不仅关系到劳资双方的利益，而且还关系到整个社会的稳定与和谐。目前，我国的劳动关系已经进入一个日趋复杂、矛盾开始集中爆发的特殊历史时期，劳资冲突已成为引发群体性事件的首要原因之一。因此，认真研究我国劳动关系的规律和特征，对建设社会主义和谐社会、构建和谐劳动关系具有重要的理论意义和现实意义。1996~2013 年的劳动争议案件及结案情况如图 7.1 所示。

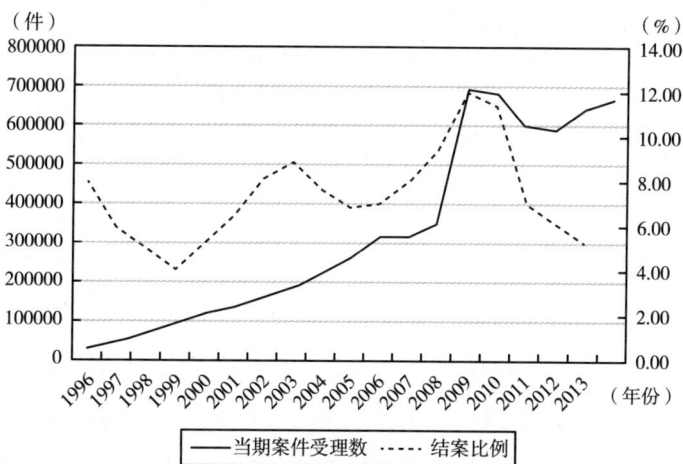

图 7.1　当期案件受理数与结案率

① 李长安. 实施就业优先战略的核心是提高就业质量 [N]. 北京社会科学，2013 – 02 – 15.

图 7.1 表明，从总的情况看，我国劳动关系方面的纠纷呈持续上升态势，到 2008 年新劳动法颁布后则有了显著提高，由 2007 年的 350182 件激增至 693465 件，一年增加了 98.03%，增幅将近一倍。在结案率方面，1996 年以来的未结案率总体来讲都维持在 10% 以下的水平，2008 年后未结案率持续下降，说明结案情况有所好转。产生劳动纠纷的原因大致有以下几类：因劳动报酬产生的纠纷，因社会保险（福利）产生的纠纷和因变更、解除、终止劳动合同产生的纠纷。其他纠纷因案件数量较少等原因在《中国劳动统计年鉴》中没有被完整统计或被归入"其他"案件范围，而且考虑到培训纠纷所占比尚不足 1%，因此本书在统计上做了归并处理，以工伤纠纷来代替其他纠纷，这也将使分析内容更为突出和集中（见图 7.2）。

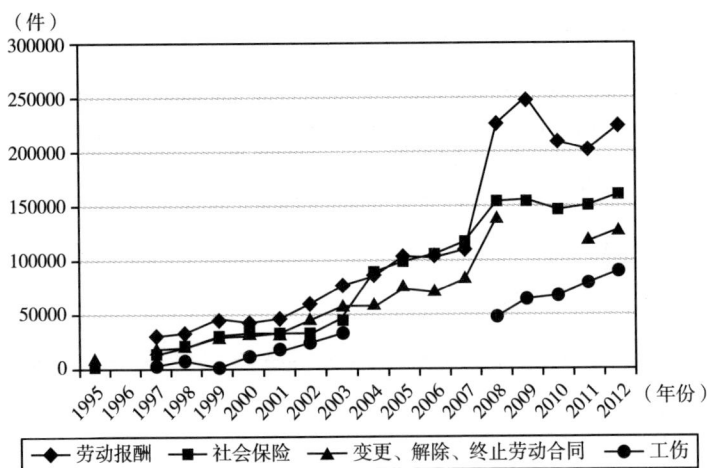

图 7.2　各种导致劳动纠纷的案件数量

从图 7.2 可以看出，1995～2007 年间，因劳动报酬，社会保险（包括社会福利），变更、解除、终止劳动合同产生的案件数量比较接近，且均呈上升趋势。2008 年后因劳动报酬产生的案件较 2007 年增加 116108 件，增幅达 106.57%。此后因劳动报酬引发的劳动争议案件数一直相对最多。因社会保险（福利）而引发的劳动纠纷在 2004 年、2008 年增幅较大，2004 年 88119 件社会保险（福利）的争议案件比上一年增加 43685 件，增加 98.31%，增幅接近一倍。

图 7.3 显示的是各种导致劳动纠纷的案件占比情况。可以看出，因劳动报酬引发的劳动纠纷一直占据着最主要的比重，其中 2009 年的比例占到 36.14%。而随着劳动合同法的落实，因社会保险所引发的劳动纠纷案件在 2004～2007 年间的比例远高于其他年份，之后便开始回落，目前占比在 25% 左右。占比排名第三的变更、解除、终止劳动合同所引发的劳动纠纷案件占比近年有所下降，占比在 20% 左右。值得注意的是，由于工伤、培训等原因所引发的劳动纠纷占比近些年出现逐步增多的趋势。其中因工伤所引发的劳动纠纷案件占比在 2008 年为 7% 左右，但到 2012 年已迅速上升到近 14%，五年间几乎翻了一番。

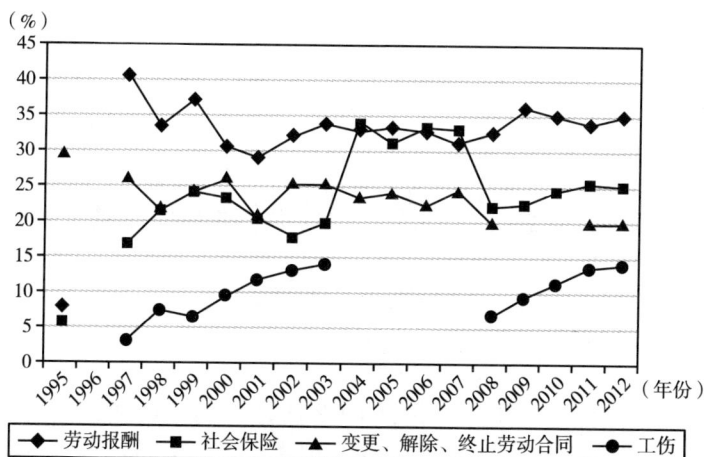

图 7.3　各种导致劳动纠纷的案件占比情况

接下来我们来分析各地区的劳动关系状况。

图 7.4 显示，我国劳动争议案件的地区分布非常不均衡，在全部的劳动争议案件中，2012 年占比最大的地区是广东、上海和北京，均超过 10%，其中广东占到 15.65%，而上述三个地区的总和超过了全国的 25%，也即在当年全部的劳动争议案件中，有超过 1/4 的案件发生在广东、上海和北京。紧随其后的则是江苏、浙江和山东，这也表明我国劳动纠纷案件主要发生在东部沿海的发达地区。如果从动态来看，我们可以发现，2000～2012 年（由于分地区劳动争议相关统计数据在 2000 年以前没有记录，因此，本部分数据从 2000 年开

始计），劳动纠纷案件占全国总量比例上升的地区有京、津、辽、沪、浙、徽、赣、豫、鄂、湘、桂、琼、渝、川、贵、云、青、宁、新19个地区，上升幅度较大的有贵州、北京、四川、江西等，其中贵州占比上涨幅度最大，从2000年的0.51%迅速上升到2012年的1.7%，涨幅达到3倍多；而下降的地区有冀、晋、内蒙古、吉、黑、苏、闽、鲁、粤、藏、陕、甘12个地区，下降幅度比较明显的有江苏、广东、山东等，其中江苏在2000年的占比高达19.8%，但到2012年已经下降到8.74%，下降幅度超过了一半。

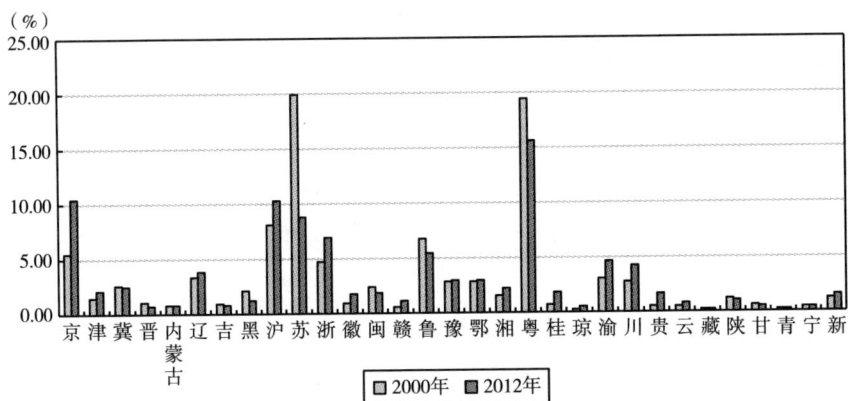

图7.4 各地区劳动争议案件占全部案件的比重

从图7.5我们可以看出，每亿元GDP所产生的劳动纠纷案件中，北京、上海、重庆最多，2012年分别达到3.73件/亿元、3.27件/亿元、2.58件/亿元。这表明这三个直辖市在经济增长的过程中，劳动纠纷案件数量也比较多。2012年最低的是内蒙古，其每亿元GDP所引发的劳动纠纷案件仅为0.27件。如果从动态来看，2000~2012年，每亿元GDP产生的劳动纠纷案件上升的有京、辽、沪、浙、徽、赣、湘、桂、琼、川、贵、云、新13个地区，其中部分西部地区上升普遍比较明显，如贵州2000年每亿元GDP产生的劳动纠纷案件为0.69件，到2012年便急剧上升到1.68件，翻了2.43倍多。而下降的省份包括津、冀、晋、内蒙古、吉、黑、苏、闽、鲁、豫、鄂、粤、渝、藏、陕、甘、青、宁18个地区，其中下降比较明显的如江苏、山西、内蒙古等，下降幅度均达到一半以上，劳动关系有了明显改善。

（件/亿元）

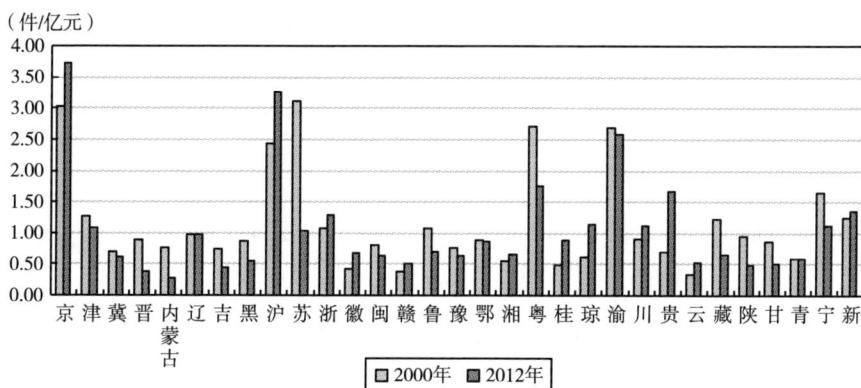

图 7.5　各地区每亿元 GDP 所产生的劳动纠纷案件

7.3.2　当前我国三方协商机制存在的主要问题

三方协商机制的建立对化解劳资双方的矛盾、构建和谐劳动关系发挥了积极的作用。推进集体合同制度"攻坚计划"取得实效，根据全国总工会的统计，2014 年工会劳动争议调解组织受理劳动争议案件 42.0 万件，其中调解成功 26.5 万件。表 7.4 是 2008～2012 年劳动争议的处理情况汇总表。如表 7.4 所示，2009～2012 年的当期结案数都超过了当期的案件受理数，对上期未结案件也做了部分结案。通过仲裁裁决和仲裁调解处理方式结案大约各占一半，劳动者胜诉案件的案件数明显高于用人单位（雇主）胜诉案件数。

表 7.4　　　　　　　　2008～2012 年劳动争议主要处理情况汇总　　　　　单位：件

项目	2008 年	2009 年	2010 年	2011 年	2012 年
上期未结案件数	33084	83709	77926	42308	36151
当期案件受理数	693465	684379	600865	589244	641202
结案数	622719	689714	634041	592823	643292
仲裁调解	221284	251463	250131	278873	302552
仲裁裁决	274543	290971	266506	244942	268530

续表

项目	2008 年	2009 年	2010 年	2011 年	2012 年
用人单位胜诉	80462	95470	85028	74189	79187
劳动者胜诉	276793	255119	229448	195680	213453

资料来源：根据《中国劳动统计年鉴 2013》整理。

但是也应当看到，我国的三方协商机制由于建立时间短，面对日益复杂的劳动关系，也表现出诸多的不适应。比如工会组织和雇主组织的代表性不强、政府干预过多等，使得我国劳动关系的不协调现象依然大量存在，有时甚至引发群体性事件。因此，尽快建立健全我国的三方劳动关系协商机制，对更好地协调劳动关系、维护社会稳定具有重大的现实意义。在经济新常态背景下，市场经济关系发生了新的变化，三方协商机制也随之发生变化，呈现多元化、复杂化、规模化等发展趋势。

具体而言，我国劳动关系三方协商机制存在以下主要问题：

（1）三方协商机制中代表三方的利益主体地位不平等，政府干预过多，职能不清。

利益主体的平等地位是进行协商和谈判的前提条件，否则一定会出现一边单赢的局面。目前，在我国三方协商机制中，政府的地位明显高于代表企业利益的企业家联合会/企业家协会和代表劳动者利益的工会的地位，形成一种主从的关系。由于传统体制的惯性，以及出于对当地社会稳定的担忧，地方政府在劳动关系协调过程中经常出现大包大揽、干预过多的行为。其结果，不仅容易扭曲劳资双方的真实意愿表达，还容易将各种矛盾引到政府身上。政府一直承担着包揽型政府的职能，而非协调型政府的职能。因此，造成了三方地位和权利的不平等，在实际的三方协商机制运行过程中，很难在协商后达成令三方都满意的、确实可行的协议或条款，致使三方协商机制的有效性降低，企业代表和劳动者代表不能充分行使自己的权利和保护自身权益。

（2）三方协商机制中企业方的代表性不强。

前文数据显示，在中国企业家联合会的直属会员企业中，国有企业占44.79%，非国有企业占55.21%（其中乡镇企业占11.26%，私营企业占

11.83%，合资企业占4.75%，股份制企业占24.46%，外商独资企业占1.79%，其他企业占1.12%）。尽管从数据上显示，中国企业家联合会作为非国有企业的代表性在增强，代表的范围不断扩大，但是，根据企业家协会的章程，它主要代表的还是公有制企业，而且，目前占比将近45%，比例仍然很高，而对于非公有制企业其代表性则仍显不足。在经济新常态背景下，随着市场经济关系的变化，迫切需要三方协商机制中的企业方代表能够具有广泛的代表性，企业方代表应该能够涵盖更多的非公有制等不同类型的企业，并能在三方协商过程中根据不同类型企业的本质和特点进行有效协商。

（3）三方协商机制中工会组织扮演"双重角色"，代表性不强。

在我国，1925年6月5日中国全国总工会的成立标志着工人具有了自己维权的组织——工会。工会是员工参与劳动关系三方协商机制的集体组织形式，是员工维权的代表，但是，从工会成立至今，维护员工权益并不是工会的唯一职责，而是同时扮演着"双重角色"，即员工权益维护者和社会稳定维护者。很多企业尤其是国企、央企等企业中的工会更多是企业的附属组织，工会在组织结构、物质支持等方面都会受到企业的影响和束缚，甚至有时还会成为企业的利益共同体，自然在维护员工的合法权益上缺乏独立性和积极性。因此，工会并不能真正意义上成为工人合法权益的维护者和表达者，在缓解劳资矛盾，构建和谐劳动关系方面的作用有限。尽管，前文数据显示，工会组织正在不断完善，职能在不断增强，基层组织数量不断增多，全国已建工会组织的基层单位的职工人数和工会会员人数近几年涨幅较高，但是，由于其扮演着双重角色，以及所处企业的位置和所具有的职能，致使它的代表性仍然有限。

（4）三方协商机制中的法制化程度有限，亟待提高。

在经济新常态背景下，我国面临着日益复杂的劳动关系，劳动争议案件存在日渐增多的趋势，处理不当容易造成社会矛盾。然而，解决社会矛盾，构建和谐劳动关系，仅仅依靠三方利益主体代表的平等对话和协商并不能根本解决，必须依靠健全的法律制度。目前，我国的劳动关系中三方协商机制在法律法规的立法方面有比较完备的系统，由《劳动法》《劳动合同法》《劳动争议调解仲裁法》《中华人民共和国工会法》《企业劳动争议处理条例》《集体合同规定》和《工资集体协商办法》等构成了我国三方协商机制立法的基本法律框架。前文表7.3"国家协调劳动关系会议制度成立以来出台的三方文件"中所列内容也显示,2001～2015年,国家在三方协商机制中出台了一系列协调劳动关系的文件,但是这些仅仅限于部门规章,在实际的操作中无法找到相关的有效的指导性条文,出台的法律规定、操作规则有限,也缺乏相关的司法解释。而且,我国的劳动关系三方协商机制立法层级相对较低,由于高级别立法在劳动关系三方协商机制的实际操作中没有明确的规定,因此也没有办法对现实的各项事务进行直接的指导。可见我国三方协商机制的法治建设还不够完备,急需不断健全有关三方协商机制的相关立法,细化法律规则和条文,提升立法层级。

(5) 三方协商机制的运行过程有待优化,社会组织的调解作用有待增强。

在我国,无论哪个级别的劳动关系三方协商机制都是结合当地的经济发展具体情况来制定的,以此来完成工作规划和目标,对当地的劳动关系矛盾的解决起到至关重要的作用。国家级劳动关系三方协商机制实行半年例会制度,省级劳动关系三方协商机制实行季度例会制度,议题可以由三方中任何一方提出,并以书面形式通知其他两方。各方代表应该对议题进行详细的研究,并且认真准备好发言材料,在劳动关系三方协商机制引导下召开的会议上就如何解决当下的实际问题展开平等的探讨,并且可以三方中的任何一方提出讨论议题,三方对整个经济运行负责,兼顾各方利益及时做出决定,通过协商来对议题谈到的问题进行协商解决,过程中应该坚持平等合法的原则[1]。近些年来,各地涌现了一批专业调解劳动关系的非工会社会组织,但由于法律的欠缺,许多非工会社会组织的调解活动被视为不合法不合规,处于劳动关系的边缘和灰色地带。社会组织的地位不合法,因此调解劳动关系的效用非常有限。

然而,目前我国三方协商机制在运行过程中出现了签订集体合同流于形式的问题,忽视集体合同内容的重要性,在签订合同后拒不履行相关内容,使得

---

[1] 赵永乐,王培君,方江宁等. 劳动合同管理与劳动争议处理 [M]. 上海交通大学出版社, 2006.

企业不但没有按照合同对员工的利益进行保护，而且本身也是一种违法行为。近年来，我国劳动争议案件逐渐增加，集体合同的形式化使得矛盾激化，无力解决争端。工资集体协商制度、谈判协商机制等发挥作用也非常有限。集体谈判也流于形式，集体谈判是三方协商机制解决劳动关系问题的主要手段。集体谈判是以谈判双方的独立性为前提的，政府主要是通过立法、政策制定来影响和监督双方，而不应该介入谈判过程。然而，我国仍然处于由政府主导集体谈判的阶段，政府劳动行政部门从一开始便介入其中，政府组织谈判，制定谈判程序，提供集体合同样本，导致企业联合会和工会失去了平等谈判的地位和权利。谈判有时流于形式，很难解决实际问题。即使通过调解仲裁的方式处理解决了一些案件，但是实际的效果仍有待考量。

7.3.3　依法治国背景下的劳动关系研究

　　和谐劳动关系作为和谐社会的重要组成部分，在国家经济迅猛发展的今天逐渐受到更多的关注。和谐的劳动关系可以源源不断地为社会提供优秀的人力资源，这是社会的财富，因此，构建良好稳定的劳动关系逐渐成为政府的工作重点之一。以构建和谐劳动关系为目的的《中华人民共和国劳动合同法》（以下简称《劳动合同法》）已经实施，为了探讨这部法律的实施效果，即是否达到了当初制定时的初衷，本书将利用邓恩的政策评估方法对其进行评估。本书通过对能够体现劳动关系的劳动争议案件 2003～2012 年的省际面板数据，采用动态面板数据模型分析《劳动合同法》对劳动争议案件的影响。

7.3.3.1　《劳动合同法》对劳动关系影响的实证分析

（1）变量选取与说明。

　　要估计《劳动合同法》的实施效果，从政策的因果关系来看，估计方法的选取一方面必须将《劳动合同法》的实施效果同其他影响因素区分开来，另一方面必须解决法律变量的内生性问题。具体有以下几点。

　　第一，区分《劳动合同法》的实施效果和其他诸如经济环境、人口因素等其他原因造成的可能的劳动关系的变化。劳动争议案件的影响因素有很多，如果单纯地就本书的研究目的而只考察《劳动合同法》对劳动争议案件的影响，有悖于实验设计的科学性和有效性原则，选择合适又完整的控制变量（非法律政策因素）是本书研究工作的一项重要任务，诸如2008年的经济危机影响了劳动关系，使得劳动争议案件上升；或者城市化的进程加快使得大量劳动力涌入城市，造成劳动争议案件上升；抑或代表劳动者的工会在社会上的影响力日益提升，工作效率显著提高。因而，如果单纯利用时间序列数据研究劳动关系与《劳动合同法》的关系，从逻辑上讲很难厘清《劳动合同法》和其他因素的影响效应。

第二，必须较好地解决劳动争议案的内生性问题。《劳动合同法》颁布后，东部沿海地区受到的冲击及反弹力度更大，是否颁布《劳动合同法》本身可能与劳动关系之间存在系统相关性，由此可能导致解释变量的内生性问题，需要选择合适的计量方法来解决这一内生性问题。

在研究政策实施效果方面，双差分的分析方法可能更加合适，但法律的实施具有特殊性，最重要的问题在于法律的实施是自上而下在全国范围内普遍实行的，无法在实施后找到对照组进行比对，这也是笔者在研究过程中遇到的难点之一。因此，本书选用了动态面板的方法来估计，选择广义矩估计（generalized method of moments，GMM）计量模型。这种计量模型不需要知道随机误差项的准确分布信息，允许随机误差项存在异方差和序列相关，因而所得到的参数估计量比其他参数估计方法更有效。另外，由于劳动争议案件具有诉讼持续期限较长的可能，可能较其他变量有更大的惯性，因此，将会在模型中加入滞后一期的劳动争议案件数作为解释变量，并使用动态面板进行识别。

本书将选取以下变量进行研究：因变量为"劳动争议案件数量（cases）"，是用于衡量劳动关系变化的指标；自变量为《劳动合同法》，法律的颁布没有具体的数据可用来衡量，因此本书将该变量设为二元变量，则法律实施前取值为0，实施后取值为1。

控制变量的选择非常重要，正如前文所提到的，选择合适和完整的控制变量可以提高实验的科学性和有效性。本书在书献综述中对其他学者的研究进行了较为系统的梳理和总结, 对本书控制变量的选取起到了较大帮助, 本书选取的控制变量既包含现有文献中提到过的控制变量, 同时结合中国国情筛选出了可能对劳动争议案件造成影响的其他变量。控制变量的选择同时也为本书寻找劳动争议案件对劳动关系的影响提供了有意义的启发作用。考虑到控制变量间可能存在的较强相关性问题, 而引发模型出现多重共线和内生性问题导致估计参数的有偏、无效或非一致, 因此将对控制变量进行筛选。本书的控制变量分为三类: 经济环境、人口结构及其他。

经济环境: (i) 经济增长水平 (GDP), 经济增长对劳动争议案件的影响已被很多文献证实, 是劳动关系的重要影响因素之一。 (ii) 城镇人均可支配收入 (income), 城镇地区是企业单位聚集区, 为了使结果具有代表性, 选择了城镇的人均可支配收入。选取该指标的用意是希望看到收入与劳动争议案件的增长之间是否存在关系, 是否收入越高, 劳动争议案件数量越少, 劳动关系越好。

人口结构: (i) 城市化率 (urban), 城镇人口/总人口, 反映人口的城乡结构。城市化的提高部分原因是因为农村劳动力转移到城镇, 绝大部分的劳动争议案件发生在城镇, 城镇人口基数增大, 又是否是劳动争议案件增加的原因之一呢? (ii) 城镇登记失业人员情况 (jobless), 每年年末登记的当年新增失业人数。本书选取该指标的意义在于考量劳动力迁移对劳动关系的影响, 而是否会有影响则需等待实证结果。

另一个重要的控制变量 "基层工会组织数", 是一个可能会对劳动争议案件的增长起到影响作用的因素。工会的职责是维护职工合法权益, 在增强党执政的阶级基础、构建和谐社会方面起到不可忽视的作用。

(2) 数据描述。

本书的样本时间区间为 2003 ~ 2012 年, 时间跨度为 10 年, 截面是我国的31 个省、自治区和直辖市, 包含 1 个被解释变量、6 个自变量。由表 7.5 的描述统计结果看到: 每个截面均包含 10 年的数据, 每个指标共有 310 条记录, 属于强平衡面板数据。之所以选择该时间区间, 一是因为《劳动合同法》实施于 2008 年 1 月, 选取该法实施前五年及后五年的数据具有较强的对比性,二是因为数据的可得性。本书所用指标的原始数据来源有四部分：被解释变量为历年劳动争议案件数量（labor dispute cases），数据来源于 2004～2013 年的《中国劳动统计年鉴》；历年各地区 GDP 和城镇人均可支配收入（average per person may control the income，PCDI），相关数据来源于 2004～2013 年的《中国统计年鉴》；各地区城镇登记失业人员情况（basic conditions of urban registered unemployment by region）以及城镇人口比重（the urbanization rate）也来源于《中国统计年鉴》，历年各地区基层工会组织数（number of grassroots trades union by region）来源于 2004～2013 年的《中国工会统计年鉴》。同时，相关数据还参考了《中国发展报告》《中国统计摘要》及《中国住户调查年鉴》等年鉴资料。

表 7.5 变量的描述性统计

时间	变量	Obs	Mean	Std. Dev	Min	Max
《劳动合同法》实施前	cases	155	9456.723	12004.15	234	61247
	income	155	10434.02	3384.127	6530.5	23622.7
	gdp	155	6524.275	5847.671	189.09	31084.4
	union	155	38249.71	28388.8	0	154563
	pcdi	155	44.72477	15.03512	20.85	89.09
	jobless	154	232111.4	146493.6	0	720049
《劳动合同法》实施后	cases	155	20685.5	24829.69	356	150023
	income	155	18622.27	5691.801	10969.4	240188.3
	gdp	155	14370.25	11927.32	395.91	57100
	union	155	67908.7	49153.18	2297	232330
	pcdi	155	50.82794	14.52639	21.9	89.3
	jobless	155	241180.4	141881.1	0	607439

注：表中数据经 Stata 处理所得。

从表 7.5 中可以看到，每个变量的样本容量为 310，数据选取的是《劳动合同法》施行前五年及后五年的数据，为了便于观察，将施行前和施行后的数据分开描述，从表中可以看出，劳动争议案件数量的均值在新法实施前和实施后相差一倍以上，说明在法律实施后，劳动争议案件总量大幅上升，这从图

7.1 的线状图中有所体现。但同时也可以观察到经济水平的增长以及城镇人均可支配收入的增长同样非常显著。标准差的区别也很明显，劳动争议案件数的标准差在法律实施前为 12004.15，但在实施后变为 24829.69，说明在《劳动合同法》实施之后，劳动争议案件数量样本波动程度更大，离散程度越高，发生了巨大变化。同样，经济水平和城镇人均可支配收入的变化也与法律实施前不可同日而语，为了探究《劳动合同法》的实施效果，还需要看实证结果。

（3）回归结果与分析。

我们采用面板数据基本模型，滞后一期的因变量作为控制变量。模型设定如下：

$$cases_{it} = \beta_1 cases_{it-1} + \beta_2 dum_{2008} + \beta_{cv} CV_{it} + \varepsilon_{it},$$
$$\varepsilon_{it} = \mu_i + \lambda_t + u_{it} (i = 1, 2, 3, \cdots) \tag{7.1}$$

其中 $cases_{it}$ 代表劳动争议案件数，$cases_{it-1}$ 代表滞后一期的劳动争议案件数；dum_{2008} 代表《劳动合同法》实施的二元变量，2008 年《劳动合同法》实施之前的数值为设 0，2008 年之后为 1；CV_{it} 表示其他控制变量；μ_i 代表不随时间变化的个体上的差异性；λ_t 代表不随个体变化的时间上的差异性。

在对面板数据进行回归分析之前要对数据进行面板单位根检验。只有各变量满足同阶单整时回归分析才有意义，从而避免出现伪回归问题。本书在对各变量进行单位根检验后，发现各变量间存在不同阶。为了消除异方差性，本书对除二元变量 dum_{2008} 以外的其余六个变量做自然对数处理。

处理后的模型如下：

$$\ln(cases_{it}) = \beta_1 \ln(cases_{it-1}) + \beta_2 dum_{2008} + \beta_{cv} \ln(CV_{it}) + \varepsilon_{it},$$
$$\varepsilon_{it} = \mu_i + \lambda_t + u_{it} (i = 1, 2, 3, \cdots) \tag{7.2}$$

建立动态模型的目的是：因变量的滞后项可以较为全面地反映上一期的全部信息，其系数反映了上期全部的影响因素对当期劳动争议案件数量的影响程度。但是由于动态面板模型包含了因变量的滞后项而存在有内生性问题，因此采用标准面板数据模型估计方法将导致参数估计的非一致性。阿雷拉诺和博韦尔（Arellano and Bover）针对这一问题提出了广义矩估计方法为选取合适的工具变量和产生相应的矩条件方程，对方程式（7.2）进行一阶差分，得到如下回归方程：

$$\ln(cases_{it}) - \ln(cases_{it-1}) = \beta_1 \Delta\ln(cases_{it-1}) + \beta_2 dum_{2008} + \beta_{cv}\Delta\ln(CV_{it-1}) + \varepsilon_{it},$$

$$\varepsilon_{it} = \mu_i + \lambda_t + u_{it}(i = 1, 2, 3, \cdots) \tag{7.3}$$

方程式（7.3）消除了不随时间变化的个体效应，因此将使用阿雷拉诺和博韦尔提出的差分广义矩估计方法（GMM）。

表7.6 一步、二步差分 GMM 估计

项目	一步差分	二步差分
	lncases	lncases
lncases	0.216 * (1.74)	0.276 ** (3.15)
dum$_{2008}$	0.529 *** (9.73)	0.524 *** (11.06)
lnunion	0.753 (1.54)	0.458 (0.69)
lngdp	−1.486 * (−1.79)	−1.830 ** (−2.97)
lnpcdi	2.105 (0.39)	0.787 (0.13)
lnincome	0.628 (0.40)	1.656 (0.99)
Sargan 检验	—	0.541
AR（2）	—	0.124

注：表中括号内为对应的 t 值，***、**、* 分别表示在1%、5%和10%的水平上显著；AR（2）和 Sargan 检验给出的是统计量所对应的 P 值。

通过表7.6，模型回归的 Sargan 检验、AR 检验、模型显著程度和系数对应的 t 值可以清晰明了的看到。差分 GMM 估计中，模型通过了 Sargan 检验，表明过度约束的问题不存在，工具变量在整体上是有效的，模型的设定也是有效的；AR（2）的检验结果表明，差分变换后的残差不存在二阶序列相关。

GMM 估计中，二步估计优于一步估计，因此，本书将利用二步差分 GMM 的回归结果来解释各自变量对我国劳动争议案件数量变化的影响。

通过回归结果可以看出：

第一，劳动争议案件数量滞后项（lncases$_{t-1}$）对基期劳动争议案件影响较为明显，我国劳动争议案件具有一定的延续性，劳动争议案件数量在短期内不会再有大幅度的变化，如果忽略滞后项会导致估计有偏。

第二，各类影响因素中，基础工会组建数量、城镇人口比重以及城镇人均可支配收入三个变量对劳动争议案件数量的影响不显著。《劳动合同法》的颁布和经济发展水平对劳动争议案件影响分别在 1% 和 5% 的水平下显著，说明《劳动合同法》和国家的经济状况是影响劳动争议案件数量的重要因素，但《劳动合同法》的影响更为显著，具有显著的政策效果。值得关注的是，《劳动合同法》的颁布（dum$_{2008}$）的影响系数为 0.524，说明《劳动合同法》的颁布与劳动争议案件的增加正相关，可以印证前文的猜想，即劳动争议案件的大幅增加，很大程度上是受到了《劳动合同法》颁布的影响。但经济发展水平（GDP）与劳动争议案件数量负相关，从回归结果中可以看到，经济发展水平每提升一个百分比，劳动争议案件数量下降 1.486 个单位。这说明，经济环境越好，劳动争议案件数量越少，劳动关系也更为稳定。

7.3.3.2　结果解释与说明

《劳动合同法》对劳动争议案件的激增起到重要影响作用的原因可分为外因和内因两个方面，外因指法律实施的外部环境，内因是指《劳动合同法》本身，二者共同作用，导致了劳动争议案件的反常增长。

（1）外部因素。

《劳动合同法》在起草过程中就在社会上听到众多反对的声音，早在 2006 年 3 月，《劳动合同法》的部分草案曾经被全国人民代表大会常务委员会法律工作委员会向社会公布，广泛征求意见。《劳动合同法》的施行不会一帆风顺。尤其是这部法律的颁布正逢全球性的经济危机爆发，外需萎缩，中国的经济，尤其是沿海发达地区经济受到较大冲击，部分企业面临倒闭危机，企业不得不"节衣缩食",希望通过减少劳动力成本以维持生存,而此时颁布的《劳动合同法》无疑是给这些企业戴上了"紧箍咒",这意味着他们的劳动力成本不减反增。

《劳动合同法》对企业拖欠劳动者工资(包括加班工资)、订立书面劳动合同以及赔偿金和补偿金有了新的规定,有一些在《劳动合同法》颁布之前是没有的规定。这些新的条款增加了企业的违法成本、管理成本和解雇成本,而想要让全国一千多万的企业全部"乖乖就范"无疑是不可能的,部分企业规避法律的现象时有发生,因此,这部法律执行伊始就面临很大的阻碍。具体表现在以下两个方面。

一方面是实施之初"硬着陆"。《劳动合同法》第十四条规定:劳动者在该用人单位连续工作满十年的;用人单位初次实行劳动合同制度或者国有企业改制重新订立劳动合同时,劳动者在该用人单位连续工作满十年且距法定退休年龄不足十年的;连续订立二次固定期限劳动合同,或者同意续订、订立劳动合同的,除劳动者提出订立固定期限劳动合同外,应当订立无固定期限劳动合同。新的规定给予劳动者更多保护,但不少企业在新的法律正式实施前采取了各种手段试图规避。

另一方面则是实施之后存在着不少漏洞。在我国,订立书面劳动合同是劳动关系建立的原则,但我国的劳动市场存在着大量的违规用工现象,企业尽力避免与劳动者签订劳动合同,以此来规避应当承担的责任和义务。因此,以保护劳动者合法权益为目的的"张良计"《劳动合同法》虽然从方方面面制定了各项规定,但为了降低劳动力成本的部分企业还是找到了这样那样的"过墙梯"。根据中山大学社会调查中心在 2012 年进行的"中国劳动力动态调查(简称 CLDS)"显示,中国的劳动者书面合同签约率不足五成,超过一半的劳动者没有加班费。不签订劳动合同的现象多发生在私营企业,其中以建筑行业为重灾区,建筑工人由包工头负责招揽,工资也由包工头代领并发放给劳动者。

长久性的不规范用工势必严重影响劳动关系。近年来每年因各种社会矛盾而发生的群体性事件多达数万起,甚至十余万起,劳动关系是引发群体性事件的三大原因之一。事实上，不与劳动者签订劳动合同、拖欠农民工工资的种种现象在《劳动合同法》颁布之前就是我国劳动关系的心腹大患，近年来受到重大关注的根本原因在于政府发现了这一问题和自上而下的重视和干预，甚至媒体作用还要大于政府作用，导致原本应该由法律和法律机关发挥的作用被大量分流。另一个令人感到惊奇的现象是：在《劳动合同法》实施后，竟然会出现用人单位追着劳动者签合同而劳动者不愿的情况。因为《劳动合同法》强制性的要求用人单位与劳动者签订劳动合同，用工之日起超过一个月但不满一年不签合同的，单位要向员工付两倍工资。因此，一些临时员工不愿与单位签订合同，因为他们认为不签比签订劳动合同更加有利可图。这样的现象也就为发生劳动争议埋下了隐患。

由此可以看出，《劳动合同法》颁布前后暴露出许多潜在的威胁劳动关系的问题。亚当·斯密提出的"经济人假设"认为，人的活动以完全追求物质利益为目的，都希望尽可能少地付出，最大限度地获得，并为此可以不择手段。虽然经济人假设否定了人的自觉性、主动性，较为消极，但是在劳动关系中"逐利性"确实是不可能回避的、矛盾相当突出的问题，这一点在企业的作为方面表现尤为突出。在《劳动合同法》颁布之前，这些用人单位利用以往相关法律法规不健全，相关概念界定模糊的漏洞，压缩劳动成本，损害劳动者权益。事实上这些问题由来已久，并不是《劳动合同法》的颁布导致的。正是由于《劳动合同法》用法律手段规范劳动力市场秩序，才使得之前本就存在的隐性矛盾在短时间内突显出来集中爆发。因此，并不能仅从劳动争议案件数量的增长断言《劳动合同法》的颁布导致了劳动关系紧张。

此外，劳动者维权意识在提高，也是更多的劳动争议案件通过法律解决的重要原因。《劳动合同法》向劳动者倾斜的保护措施以及大大降低的劳动者维权门槛，促进了劳动者维权意识的觉醒，也是劳动争议案件猛增的一个原因。我国劳动者受教育水平逐渐提升，也是他们法律意识、维权意识提升的重要原因之一。

（2）内部因素。

《劳动合同法》的颁布在社会上激起强烈反应的根本原因，在于其对劳动者保护力度和对用人单位违法成本的双重提高。

第一，《劳动合同法》对1995年颁布的《劳动法》关于无固定期限合同制度做出了调整，规定：劳动者与工作单位连续签订两次固定期限劳动合同，若劳动者无违反用人单位规章制度、严重失职、徇私舞弊等《劳动合同法》规定可以解约的重大过失，只要劳动者有续签意愿，劳资双方将订立无固定期限劳动合同，是否订立由劳动者决定，用人单位必须无条件与其续签。此外，《劳动合同法》第十四条还规定，"用人单位自用工之日起满一年未与劳动者订立劳动合同的，视为用人单位与劳动者已经订立无固定期限劳动合同"。这些条款意在纠正劳动市场中存在的短期行为，会给劳动者增加稳定性，但另一方面也会给用人单位增加雇佣风险。在社会的反响中有人认为这样的条款是在"养懒人"，因为签订固定期限合同将大大降低劳动者的危机感，使其在工作中丧失动力和激情，这对单位来说是极大的损失，因此也就出现了前文提到的多家公司在《劳动合同法》颁布前夕突击裁撤员工的事件。

第二，对劳动者在试用期和试用期工资进行了规定，规定试用期不得超过六个月，试用期间工资不得低于用人单位工资最低标准或合同工资的80%，并且在试用期间解雇员工也会受到限制。试用期是为了增加劳资双方的相互了解，减少因信息不对称在未来工作中造成的摩擦，但有用人单位滥用试用期，随意解雇试用期员工，这在《劳动合同法》实施后被坚决杜绝，但有人认为这样的规定太过强硬，违反了劳资双方协商一致的合同签订原则。

第三，经济补偿和赔偿金是《劳动合同法》维护弱势群体的又一项重要手段。其目的是通过高额的罚款增加用人单位违法成本，当用人单位在规定期限内不与劳动者签订合同或固定期限合同的，依法必须对劳动者做出经济补偿，甚至在劳动合同期满终止的情况下也要向劳动者支付经济补偿金。这一点备受争议，被认为是向劳动者的过分倾斜。

第四，《劳动合同法》对劳动者的倾向性不仅体现在对用人单位用人制度的约束和规范上，还体现在降低劳动者维权成本方面。人们发现旧的维权制度在实践中效率低下、程序烦琐、处罚周期过长，过高的维权成本大大打击了劳动者维权积极性，这在一定程度会助长资方通过各种手段侵犯劳动者合法权益的不良风气。新的劳动争议处理制度大幅度缩短了仲裁审理期限，减少了劳动者举证成本。这些规定使得劳动者勇于拿起法律武器，维护自身的合法权益。

此外，《劳动合同法》还对其他诸如劳务派遣制度、工会的权利与职责有了多方位的规定。因此，从《劳动合同法》的内在因素来看，在该法实施后劳动争议案件大幅上升有其必然性，这并非是劳动关系激化的表现，而是法律对劳动者的保护见到了成效。

7.3.3.3　改善法律实施环境推动劳动关系和谐

《劳动合同法》的颁布以维护劳动者合法权益为基准，以构建和谐劳动关系为目的，在实施的过程中颇见成效，但有作用的前提是劳资双方要订立符合法律规定的劳动合同，这标志着劳动关系的存在。正如前文在《劳动合同法》实施的不足之处所提到的，这部法律对于那些不愿或没有条件订立劳动合同的劳动者来说有些束手无策。他们会疑惑："我们在这里工作了，为什么说没有劳动关系呢？"当这一类劳动者与用人单位发生劳动争议，他们的合法权益往往得不到保障。与中国不同，西方各发达国家代表劳动关系成立的标示可以是书面或口头的，甚至有默示推定之适用，并不一定要求签订书面的劳动合同。他们认为劳动关系与劳动合同没有差别，这样就可保障那些因种种原因没有签订劳动合同的劳动者的合法权益。我国尤其是经济发达地区劳动力流动性极强，这些地区也是劳动争议案件的多发区域，应该考虑引入这种鉴别劳动关系是否成立的范式，这样能够从更广的范围为普通的劳动者提供保障。

7.4

构建适应经济新常态的三方协商机制

2015 年 3 月，中共中央、国务院发布了《关于构建和谐劳动关系的意见》。该意见提出要健全协调劳动关系三方机制；完善协调劳动关系三方机制组织体系，建立健全由人力资源社会保障部门会同工会和企业联合会、工商业联合会等企业代表组织组成的三方机制，根据实际需要推动工业园区、乡镇（街道）和产业系统建立三方机制；加强和创新三方机制组织建设，建立健全协调劳动关系三方委员会，由同级政府领导担任委员会主任；完善三方机制职能，健全工作制度，充分发挥政府、工会和企业代表组织共同研究解决有关劳动关系重大问题的重要作用。基于此，我们提出一个具有中国特色的、能够适应经济新常态的三方协商机制基本框架。

7.4.1 由包揽型政府向协调型政府转变

加快政府职能转变，从包揽型政府转向协调型政府。在政府职能改革过程中，首先要做的就是确立政府在三方协商机制中的定位。劳动部门作为政府的代表，应本着公平、公正、公开的原则，采取不偏袒任何一方的中立态度，忠实履行劳动关系协调者的职能，通过制定法律规则和政策措施，努力把劳资双方各自的利益诉求统一起来，并与国家利益保持一致，使劳资双方形成共识，消除分歧，缓解劳资矛盾，以达到协调劳动关系、维护社会稳定的目的。尽快转变政府职能，由命令型向服务型转变，由包揽型向协调型转变。

7.4.2 由福利型工会向功能型工会转变

推动工会组织角色创新，从福利型工会转向功能型工会。在我国，工会组织同时具备员工权益和社会稳定维护者的"双重角色"，这与欧美国家的工会性质存在着较大的差异，欧美国家只能代表员工权益，无须承担维护社会稳定的职责。因此，在经济新常态下，必须尽快解决工会组织的代表性不足的问题，从过去简单的节假日给职工发福利、送温暖等事务中解脱出来，真正成为劳动者的代言人，成为职工权益的维护者，这是工会最基本、也是最核心的功能。应围绕职工最关心和最直接的利益，把维权贯穿到工会的日常工作当中。以推进集体劳动合同签约率、提高职工工会覆盖率等作为工作的"抓手"，形成三方协商机制中维护职工权益最可靠、最坚实的力量。

7.4.3　由利益型雇主向责任型雇主转变

强化雇主组织社会责任，从利益型雇主转向责任型雇主。在市场经济条件下，企业追求利润是符合经济规律的事情。但企业在追求利润的同时，还应该主动承担包括劳动者权益在内的社会责任，不断增强企业的社会责任感。大多数的实证研究也证明，企业履行对劳动者权益越多的社会责任，企业价值也就越大，这是因为如果劳动者能够得到更多的尊重，那么可能会激发他们更大的生产积极性，更高的企业认同感，从而有益于提高劳动效率。

7.4.4　由边缘性社会组织向介入型社会组织转变

发挥社会组织调解作用，从边缘性社会组织转向介入型社会组织。近些年来，一些社会组织在协调劳动关系、化解劳资矛盾方面发挥着越来越积极的作用。随着将放宽社会组织管理纳入政府职能改革之中，一些地方相继出台了各自的社会组织管理办法，从而使社会组织开始步入了法制化、规范化的法制轨道。这其中，专业性的调解劳动关系的社会组织数量不断增长。因此，加大对专业调解社会组织的扶持力度，规范各类收费调解，并将社会组织调解纳入三方协商机制这个大调解体系，以充分发挥社会组织在劳资纠纷调解领域的积极作用，就成为进一步完善我国三方协商机制、构建社会主义和谐劳动关系的必然选择。最终形成政府、工会、企业与其他社会组织协同参与的四方联动机制。

7.4.5　健全劳动关系领域三方协商机制的法律法规政策

完善三方协商机制的制度环境和法律环境，健全劳动关系领域三方协商机制的法律法规政策。国家和地方应出台具有指导性的可操作的法律条文，细化法律规定，提升立法层级，构建和完善确保三方协商机制有效运行的制度环境和法律环境。建立全方位、多层次的劳动关系调解机制。构建平等的对话体系，政府不能主导集体谈判和签订集体合同。从三方协商机制的运行现状来看，相应的程序也应当进行立法，必须贯彻实施有法可依、有法必依、执法必严的原则。事前的磋商协调、事中的集体谈判、事后的纠纷调解与解决也有必要用相应的条例予以规制。优化劳动关系三方协商机制的运行程序，不同层级的机制运作和操作原则应当有相应规则和办法予以支持。国家层面的机制运作应当能从宏观的角度来平衡三方利益，体现有效促进履行国际劳工标准的精神和原则；产业层面和地方层面的机制运作则有必要体现产业的特殊性和地方的灵活性，如地方协调劳动关系三方会议制度等的出台；至于企业层面的机制操作则主要应由企业自身和劳动者双方协商解决，工会也可以代表劳动者参与协商，但是政府不能直接干预。从而形成有序的、责权明晰、法律严明的劳动关系三方协商机制。

参 考 文 献

[1] 陈兴中，孙丽丽，李富中. 第三代农民工务工期望变化分析 [J].
中国劳动，2011（3）：15-17.

[2] 韩巍. 新经济时代灵活就业的结构性转向———一个生产控制权的分
析框架 [J]. 学习与实践，2017（1）：23-28.

[3] 孔德威. 劳动就业政策的国际比较研究 [M]. 经济科学出版
社，2008.

[4] 李长安. 经济新常态下我国的就业形势与政策选择 [J]. 北京工商
大学学报，2016，31（6）：1-9.

[5] 李长安. 实施就业优先战略的核心是提高就业质量 [J]. 北京社会
科学，2013-02-15.

[6] 厉以宁. 西方城市化在中国行不通新人口红利显现 [J]. 中小企业
管理与科技（中旬刊），2013（2）：16.

[7] 卢修敏. 我国劳务派遣法律结构分析 [J]. 华东政法大学学报，
2010，13（2）：144-150.

[8] 宁光杰. 全球金融与经济危机背景下德国劳动关系的调整 [J]. 教
学与研究，2011，v（10）：22-29.

[9] 邱建华. 英国职业资格证书制度及其培训体系 [J]. 交通高教研究，
1998（4）：59-62.

[10] 桑德林·卡则斯，伊莲娜·纳斯波洛娃. 转型中的劳动力市场：平
衡灵活性与安全性———中东欧的经验 [M]. 中国劳动社会保障出版社，2005.

[11] 石美遐. 非正规就业劳动关系研究———从国际视野讨论中国模式

和政策选择［M］. 中国劳动社会保障出版社，2007.

［12］唐璜，李彦君，徐景昀. 共享经济企业用工管理与《劳动合同法》制度创新［J］. 中国劳动，2016（14）：41 – 52.

［13］铁楠. 中国就业结构的演化现状与调控机制研究［D］. 南昌大学，2016：1 – 59.

［14］涂航标. 我国产业结构演进中的就业结构研究［D］. 西北师范大学，2015：1 – 58.

［15］王莎. 四川省产业结构对劳动力就业结构作用的研究［D］. 西南石油大学，2016：1 – 55.

［16］王云昊. 产业结构调整的就业效应研究［D］. 南京财经大学，2014：1 – 44.

［17］吴丽萍. "互联网 +"背景下专车用工模式劳动关系的认定［J］. 经济论坛，2016（5）：148 – 151.

［18］吴炜. 干中学：农民工人力资本获得路径及其对收入的影响［J］. 农业经济问题，2016（9）：53 – 111.

［19］杨伟国，代懋. 中国就业管制的测量［J］. 中国人民大学学报，2010，24（3）：89 – 94.

［20］叶秀敏，姜奇平. 北京市平台经济发展的现状、问题及政策建议［J］. 城市发展研究，2016，23（5）：94 – 97.

［21］张素凤. "专车"运营中的非典型用工问题及其规范［J］. 华东政法大学学报，2016（06）：75 – 87.

［22］张园园. 新生代建筑业农民工职业培训模式研究［D］. 山东建筑大学，2016：16.

［23］赵永乐，王培君，方江宁等. 劳动合同管理与劳动争议处理［M］. 上海交通大学出版社，2006.

［24］Cynthia Estlund. Reflections on the Rise and Fall of Trade Unions and Strikes in the U. S. , Paper for the International Symposium on Labor Relations and Collective Bargaining in the Age of Globalization, Beijing, China, July 21 –

22, 2012.

[25] Emin M. Dinlersoz, Jeremy Greenwood. The Rise and Fall of Unions in the U. S [R]. NBER Working Paper No. 18079, May 2012.

[26] Francesca Beddie, Barbara Pamphilon. Enhancing career development: the role ofcommunity based career guidance for disengaged Aduits [J]. *Ncver*, 2005 (suppl): 27.

[27] Gerald Mayer. Union Membership Trends in the United States, Cornell University ILR School, DigitalCommons@ ILR, August 2004.

[28] J. Acemoglu, Daron. Training and Innovationin an Lmperfect Labor Market [J]. *Review of Econormic Studies*, 1997, 64: 445 –464.

[29] Kalpana Sahoo, Ashish Mohanty. Enhancing Employability Skills in the New Economy [J]. *Training & Development Journal*, 2011, 2 (2): 97 –104.

[30] King, K.. Education, Skills, sustainability and growth: complex relations [J]. *International Journal of Educational Development*, 2009, 29 (2), 175 – 181.

[31] Lawrence R. Mishel, Matthew Walters. How unions help all workers, Economic Policy Institute, 2003: 36.

[32] Michael Yates. *Why Unions Matter* [M]. Monthly Review Press, 2009.

[33] Per Krusell, Leena Rudanko. Unions in a Frictional Labor Market, NBER Working Paper No. 18218, July 2012.

[34] Richard B. Freeman, John T. Dunlop, R. F. Schubert. The Evolution of the American Labor Market, 1948 –80, Chapter in NBER book The American E- conomy in Transition (1980), Martin Feldstein, ed. (p. 349 –414), 1980.

[35] Richard B. Freeman. What Do Unions Do ... to Voting? [R]. NBER Working Paper No. 9992, 2003.

[36] Rizwanul Islam. Pursuing the employment goal: need for re-thinking development strategies [J]. *Ind. J. Labour Econ*, 2015, (58): 195 –216.

[37] Tabitha Knight. The Gender Dynamics of Public Finance: A Chinese and

Cross-Country Analysis ［D］. Colorado：Colorado State University，2014：1 – 158.

　　［38］ William T. Dickens，Jonathan S. Leonard. Accounting for the Decline Union Membership ［R］. NBER Working Paper No. 1275，February 1984.